KB272763

재|미|있|는
중국어 독해

황영희 지음

이담 Books

머리말

　이 책은 유머 이야기를 소재로 편찬하였는데, 모두 80개의 이야기를 싣고 있다. 이야기의 내용은 우리의 생활주변에서 항상 일어나고 있는 일들을 소재로 삼고 있어서 그 내용이 매우 친근하게 느껴질 것이다. 유머 이야기를 소재로 삼은 중국어 본문의 전후배열은 문장의 장단과 해석의 난이도를 고려하여서 배치하였다.

　이 책의 이야기 본문에 대한 해설은 「어휘설명」, 「문장해설」, 「병음표기」, 「본문해석」의 네 가지로 구성되어 있는데, 이 네 가지는 중국어문장을 정확하게 이해하기 위한 독해의 필수요소라 할 수 있다. 「어휘설명」에서는 이야기 본문에 나오는 주요어휘의 뜻에 대해 설명한 것이다. 그 아래 「문장해설」은 본문의 주요문장에 보이는 문형이나 어법, 특수구문 등을 설명하였는데, 이 부분은 이 책에서 가장 중요한 부분에 해당한다. 그다음 「본문해석」에서는 본문의 어휘와 문장에 대한 설명과 해설을 바탕으로, 이야기 본문 전체를 우리말로 해석한 것이다. 마지막 「병음표기」는 정확한 독해를 위해서는 중국어발음도 튼튼한 기초를 다져야 한다는 뜻과 함께 이 책을 사용하는 독자들이 번거롭게 중국어사전을 뒤지지 않도록 학습상의 편의를 제공하고자 추가한 내용이다.

재미있는 **중국어** 독해

이 책으로 중국어를 공부하다 보면 한 단락의 이야기를 읽을 때마다 저도 모르게 미소를 짓게 될 것이며, 하나의 이야기를 읽고 나면 다음 이야기를 읽고 싶은 마음에 책에서 손을 놓을 수 없게 될 것이다. 이 책으로 인하여서 어렵게만 보이던 중국어 문장을 웃음으로 쉽게 시작하여서 웃음으로 끝마칠 수 있기를 희망한다.

2009년 저자 씀

第 **2** 单元

목 차

第 3 单元

第 **4** 单元

01 100只写两个零

一个学生收到他父亲的信，信上写着："你以后写家信，应该多写一些生活的情况，不要只知道要钱。这次寄100块钱给你，附带告诉你一个小错误，用阿拉伯数字写100的时候，只能写两个零，不能写三个。"

1) 家信 jiāxìn: 집으로 보내는 편지.
2) 只知道要钱 zhǐ zhīdao yào qián: 돈 달라는 것만 안다.
3) 附带 fùdài: 덧붙이다.
4) 错误 cuòwù: 실수. 잘못.
5) 用写 yòng xiě: ～로(사용하여) 쓰다.
6) 阿拉伯数字 ālābó shùzi: 아라비아 숫자.

应该多写一些生活的情况，不要只知道要钱。

생활하고 있는 상황들을 더 써야 하지 돈 달라는 것만 알면 안 된다.

「应该」는 조동사로서 '마땅히 ～해야 한다'는 뜻이다. 주의해야 할 점은 긍정 부정 연용할 때는 「A不AB」 형태인 「应不应该」로 써야 한다.
「不要只‥‥」는 '～만 ～하면 안 된다.'의 뜻으로 쓰이고, 그 뒤에 「应该」를 호응구로 쓴다. 이 구절에서는 「应该」와 「不要」가 도치 형태로 쓰였다. 따라서 「应该‥‥, 不要只‥‥」 구는 '마땅히 ～을 해야 하지 ～만 하면 안 된다.'의 뜻으로 쓰인다.
형용사 「多」는 '많다', '여분이 있다'의 뜻이나 여기서는 부사어로 원래의 수보다 초과하거나 증가함을 뜻하여 「多写」는 '추가하여 더 쓰다'의 뜻이다. 반대말은 「少」를 쓰면 된다.

附带告诉你一点小错误。

덧붙여서 한 가지 작은 실수를 너에게 알려 주마.

「附带」는 앞 구절을 이어 추가할 사항이 있을 시 '덧붙여 ～하다'의 뜻으로 쓰인다. 이 구에서 「附带告诉你」는 '덧붙여 너에게 알리다'라는 뜻이다.

用阿拉伯数字写100的时候，‥‥。

아라비아 숫자로 100을 쓸 때, ‥‥

「用」은 수단을 나타낸다. 「用‥‥写」는 '～을 사용해서 쓰다'의 의미다.

> 예 中国人用筷子吃饭 중국인은 젓가락으로 밥을 먹는다.

「的时候」는 '～하는 때' 혹은 '～하는 동안'을 표현할 때 사용한다. 「的」와 「候」를 생략하여 「～时」로 표현하기도 한다.

> 예　上课时不准使用手机。　수업 시 휴대폰을 사용하면 안 된다.

只能写两个零, 不能写三个。

0을 두 개만 써야지 세 개를 쓰면 안 된다.

「只能‥‥」은 부사로 '단지 ～만 할 수 있다', '단지 ～해야 한다'의 뜻이고, 「不能‥‥」은 '하면 안 된다'의 뜻으로 쓰인다. 따라서 「只能‥‥, 不能‥‥」은 '오직 ～만 되고, ～은 안 된다'의 뜻으로 해석된다.

02 比分是零比零

有一个人和他的朋友来到体育馆看篮球比赛， 可是来晚了，上半场比赛已经结束，下半场刚要开始了。他问旁边的观众："现在比分是多少？" 观众说："零比零。" 他说："太棒了，我们什么也没错过。"

1) 比分 bǐfēn: 득점 수.

2) 零比零 líng bǐ líng: 0대 0.

3) 体育馆 tǐyù guǎn: 체육관.

4) 篮球比赛 lánqiú bǐsài: 농구시합.

5) 来晚了 láiwǎn le: 늦게 왔다.

6) 上半场 shàng bàn chǎng: 전반전.

7) 结束 jiéshù: 끝마치다.

8) 下半场 xià bàn chǎng: 후반전.

9) 旁边 pángbiān: 옆.

10) 观众 guānzhòng: 관중.

11) 太棒了 tài bàng le: 너무 잘됐다.

12) 错过 cuòguò: (기회, 시간) 놓치다.

上半场比赛已经结束, 下半场刚要开始了。

전반전 시합이 이미 끝나고 후반전이 막 시작하려 한다.

전반전을 「上半场」, 후반전을 「下半场」이라고 한다.
「刚」은 여기에서 '이제 막', '지금', '조금 전'의 뜻으로 어떤 행동이나 상황의
발생이 오래지 않은 과거임을 나타낼 때 쓰인다.

● 「刚」, 「刚才」, 「刚刚」의 비교

① 「刚才」의 품사는 명사이고, 「刚」과 「刚刚」은 부사이다.

② 동사 앞에서는 「刚」을 써야 하며, 일반적으로 「刚才」를 쓰지 않는다. 「
刚才」를 쓰는 경우는 '방금'이라는 시간사로서의 역할만 할 뿐, 뒤에 나
오는 동사를 수식하는 것이 아니다.

예 他刚刚回来。　　　　　(○) 그는 방금 돌아왔다.

　　他刚才回来。　　　　　(×)

　　刚才他回来了。　　　　(○) 방금 그는 돌아왔다.

③ 「刚才」는 관형어로 쓰일 수 있으나, 「刚」과 「刚刚」은 쓰일 수 없다.

예 他重复了刚才的话。　　(○) 그는 방금(한) 말을 반복했다.

　　他重复了刚刚的话。　　(×)

「要⋯⋯了」 호응관계로 쓰이며, '곧 ～하려고 하다', '머지않아 ～할 것이다'
의 뜻으로 어떤 상황의 발생이 임박했음을 나타낸다.

太棒了。
너무 잘됐다.

「太⋯⋯了」의 「太」는 부사로 '아주', '매우', '대단히'라는 뜻을 가지며, 도가
지나치거나 정도가 매우 심함을 나타낼 때 동사나 형용사를 「太⋯⋯了」 사이
에 두어 감탄을 표현한다. 문미에 「了」를 써야 하며, 「太⋯⋯了」 사이에 좋지
않은 의미의 형용사를 쓸 경우 지나치고, 원치 않는 상황을 나타내고, 「太棒了」,
「太好了」처럼 좋은 의미의 형용사를 쓰면 그 정도가 가중되어 '너무 잘됐다',
'너무 좋다'의 뜻으로 해석된다.

　　예　太冷了, 真受不了。　너무 추워 정말 견딜 수가 없다.

我们什么也没错过。
우리는 아무것도 놓치지 않았어.

「什么也没＋동사＋过」 문형을 보면, 「什么」는 '아무것도', '그 어떤 것이나'라
는 뜻으로 「也」나 「都」 앞에 쓰여 말하는 범위 내에 예외가 없음을 나타낸다.
그리고 「没」는 동사의 부정을 표현할 때 쓰인다.

　　예　太贵了, 我什么也没买。　너무 비싸서 나는 아무것도 사지 않았다.

「错过」는 '놓치다', '비켜 가다'의 뜻이다. 「过」는 과거형을 나타낼 때 쓰인다.
따라서 「什么也没错过」는 '아무것도 놓치지 않았다'라고 해석이 된다.

　　예　错过了好机会。　좋은 기회를 놓쳤다.

03 一个好梦

在一个监狱，一天早上，两个犯人起床了。 甲对乙说:"昨天我做了一个好梦!"乙说:"在监狱还能做什么好梦? 恶梦还差不多。"甲说:"我梦见我忘了缴房租，被典狱长赶出去了，但愿好梦成真。"

1) 好梦 hǎo mèng: 좋은 꿈.

2) 监狱 jiānyù: 감옥.

3) 犯人 fànrén: 범인. 수감자.

4) 恶梦 è mèng: 악몽. 나쁜 꿈.

5) 差不多 chà bu duō: 비슷하다. 차이가 없다.

6) 梦见···· mèngjiàn: ～을 꿈꾸었다.

7) 忘了 wàng le: 잊었다.

8) 典狱长 diǎnyù zhǎng: 감옥 교도관.

9) 缴房租 jiǎo fángzū: 방값을 내다.

在监狱还能做什么好梦 ? 恶梦还差不多。

감옥에서 무슨 좋은 꿈을 꿀 수 있어? 악몽이면 몰라도.

「做梦」은 '꿈을 꾸다'라는 뜻으로 쓰이는 이합동사이다. 이합동사란 동사와 목적어(명사)가 만나서 만들어진 동사이다. 그 예로는 「见面 만나다」, 「洗澡 목욕하다」, 「唱歌 노래하다」, 「聊天 수다 떨다」 등이 있다.

「什么」는 의문대명사이나 때로는 부정과 반감의 어감을 띠어 '무슨 ~'의 뜻이된다. 「做什么好梦」은 '무슨 좋은 꿈을 꾸었다는 거야'의 뜻으로 해석된다.

「恶梦还差不多」 구에서 「差不多」는 '비슷하다'라는 뜻이라, 직역을 하면 '악몽이라면 그래도 비슷하다'가 '악몽이라면 이 상황에 맞다'는 뜻이고, 더 의역을 하면 '(감옥에서 무슨 좋은 꿈을 꿀 수가 있겠는가?)악몽이라면 몰라도'의뜻으로 해석하면 된다.

梦见我忘了缴房租, 被典狱长赶出去了!

꿈에서 내가 방값을 내는 것을 잊어버려 간수가 나를 내쫓았다.

「梦见」은 '꿈에서 보다'의 뜻이며, 꿈 꾼 내용을 그 뒤에 두는 유형이다. 따라서「梦见我忘了缴房租」는 '꿈에서 내가 방값 내는 것을 잊어버렸다'로 해석한다.

「被＋명사＋동사＋성분」은 피동의 문형으로, 여기서 「被典狱长赶出去了」를 직역을 하면 '간수에 의해 쫓아냄을 당하다'가 의역을 하면 '간수가 나를 내쫓았다'의 뜻이 된다.

> **예** 玻璃被我打碎了。 유리는 내가 깨뜨렸다.(유리가 나에 의해 깨짐을 당하다.)
> 那本书已经被人借走了。 그 책은 이미 다른 사람이 빌려 갔다.

但愿好梦成真。

좋은 꿈이 현실이 되길 바랄 뿐이야.

「但愿‥‥」은 바람이나 축원을 나타내는 상용표현으로 문두에 쓴다.
「好梦成真」은 '바라는 일이 실현 되다'의 의미이며, 「但愿好梦成真」은 '꿈이 성사되길 바라다'라는 축원의 뜻이 된다.

> **예** 但愿平安回来。 평안하게 돌아오기만을 바란다.

04 美人鱼

有一个丈夫特别爱好钓鱼。他把自己钓到的大鱼和名贵的鱼拍成照片，贴在床头的墙上，并且写上它们的名字、重量、长度和钓鱼地点，天天欣赏。 妻子见了， 便把自己的照片挂在丈夫床头， 并在旁边写着: '美人鱼，49.5公斤，一米六，钓于人民公园'。

1) 美人鱼 měirén yú: 미인고기.

2) 特别爱好 tèbié àihào: 매우 좋아하다.

3) 钓鱼 diàoyú: 낚시하다.

4) 名贵 míngguì: 진귀하다.

5) 拍成照片 pāichéng zhàopiàn: 사진으로 찍다.

6) 床头 chuángtóu: 침대머리맡.

7) 贴在墙上 tiēzài chuáng shang: 벽에 붙이다.

8) 并且 bìngqiě: 또한. 그리고.

9) 重量 zhòngliàng: 중량. 무게.

10) 长度 chángdù: 길이.

11) 地点 dìdiǎn: 지점.

12) 欣赏 xīnshǎng: 감상하다.

13) 便 biàn: 바로.(就의 문서체 표현)

14) 挂 guà: 걸다.

15) 人民公园 rénmín gōngyuán: 인민공원.

把照片贴在床头的墙上。

사진을 침대머리맡의 벽에 붙여 놨다.

「在」는 '~에서'라는 뜻을 나타내는 전치사로 쓰였고, 뒤에는 장소가 붙는다.
「在····上」 문형에서 「上」은 방위사로 '위에'라는 뜻이다. 「贴在墙上」은 '벽
에 붙이다'의 뜻이다. 그 외의 방위사로는 「中」, 「下」가 있다.

● 「동사 + 在」 용법

「在」는 주로 한 글자 동사와 결합한 후의 뜻은,

「贴在····」 '~에 붙이다'

「挂在····」 '~에 걸다'

「放在····」 '~에 놓다'

「停在····」 '~에 멈추다'

「坐在····」 '~에 앉다'

「躺在····」 '~에 눕다'

● 「在」와 방위사와의 고정 용법

　「上」: 「在‥‥上」 – 방면이나 범위 필수조건을 나타낸다.

　방면 「在文化上 문화방면에」, 범위 「在世界上 세상에서」를 나타내며, 「在‥‥方面」의 뜻과 같음.

　「中」: 「在‥‥中」 – 환경이나 추상적 범위, 진행과정을 나타낸다.

　시간 「在假期中 방학 중에」, 상태 「在欢乐中 즐거운 가운데」, 과정 「在讨论中 토론 중에」를 나타낸다.

　「下」: 「在‥‥下」 – 전제조건을 나타낸다.

　　　조건 「在这个情况下 이 상황하에서」를 나타낸다.

美人鱼, 钓于人民公园。

미인고기, 인민공원에서 낚았다.

「于」는 '～에서 ～하다'의 뜻을 나타내는 전치사로 한 글자 동사와 「동사＋于」 형식으로 결합한 후 결과보어의 역할을 한다. 따라서 「钓于人民公园」 '인민공원에서 낚았다'의 뜻으로 해석된다.

05 为了适应环境

一天，我去朋友家作客，见朋友家的狗很奇怪，便问道：“为什么一般的狗摇尾巴时总是左右摇摆，而你们家的狗却是上下摇呢?” 朋友回答：“这是不得已的，那是因为我们家太狭窄了。”

1) 为了···· wèile: ～하기 위해.

2) 适应环境 shìyìng huánjìng: 환경에 적응하다.

3) 去···· 作客 qù zuòkè: ～에 손님으로 가다.

4) 狗 gǒu: 개.

5) 奇怪 qíguài: 이상하다.

6) 道 dào: 말하다.(说와 같은 의미)

7) 摇尾巴 yáo wěibā: 꼬리를 흔들다.

8) 总是 zǒngshì: 항상.

9) 左右摇摆 zuǒ yòu yáobǎi: 좌우로 흔들다.

10) 却(是) què: 오히려. 도리어.

11) 不得已 bùdéyǐ: 부득이하다.

12) 狭窄 xiázhǎi: 협소하다.

为了适应环境。

환경에 적응하기 위해.

「为了…」는 '～하기 위해'의 뜻으로 쓰이며, 「为了」 뒤에는 목적과 동기를 제시하고 「因此」 또는 「因而」와 호응관계를 이루어 「为了…, 因此…」 '～하기 위해, 그리하여 ～했다'의 뜻으로 쓰인다.

예 为了学汉语, (因此)他来到北京。 중국어를 배우기 위해 그는 베이징에 왔다.

为什么一般的狗摇尾巴时总是左右摇摆，
而你们家的狗却是上下摇呢?

보통 개는 꼬리를 흔들 때 항상 좌우로 흔드는데,
왜 너희 집 개는 오히려 위아래로 흔들지?

「为什么」는 의문대명사로 '왜', '무슨 까닭으로', '무엇 때문에'의 뜻이다.

「总是」는 '늘', '줄곧', '언제나'의 뜻이며, 어떤 상황이 변함없이 항상 일정함을 나타낸다.

「而」는 문장에서 전환의 의미를 지니고, 상대적이거나 상반적인 것 그 자체가 어느 정도 '전환'의 의미를 지니고 있기 때문에, 문장에서 강조하는 부분이 뒷부분인 경우에는 전환의 의미가 더욱 강해진다.

「却」은 부사로 「但是」, 「可是」와 같이 전환의 의미를 가지나, 문장의 제일 앞에는 쓰일 수 없고 항상 「주어＋却」의 형태로 쓰인다.

这是不得已的。

이것은 부득이한 것이다.

「不得已」는 '부득이하다', '마지못해', '하는 수 없이'라는 뜻의 형용사이다. 부사인 「不得不」 '～하지 않으면 안 된다', '반드시 해야 한다'와 유사하다. 여기서 「这是不得已的」은 상용표현으로 '이것은 어쩔 수 없는 것이다'의 뜻이다.

> **예** 不得已, 只好答应了。　마지못해 승낙을 할 수밖에 없었다.

那是因为我们家太狭窄了。

그 이유는 우리 집이 너무 좁기 때문이야?

「因为」는 원인을 나타내는 접속사로 원인이나 이유를 먼저 말할 경우에는 문두에 놓고 '～ 때문이다', '～에 의하여'의 뜻이며, 뒤에 「所以」와 호응관계를 이루어 「因为……, 所以……」 '～때문에 그래서 ～하다'의 격식을 이룬다. 원인이나 이유, 결과를 나중에 말할 경우에는 「因为」는 '왜냐하면', '～때문이다'의 뜻으로 쓰인다.

> **예** 因为生病了, 所以我没上课。
> 병이 났기 때문에 나는 학교를 가지 않았다.

06 不能容忍第二次错误

某个人在领工资时发现少了一块钱。 他勃然大怒，去责问会计。 会计说："上个月我多给你一块钱，你恼火了吗?" 这个人厉声道："如果偶然一次错误是完全可以谅解的，但我不能容忍第二次错误。"

1) 容忍 róngrěn: 용인하다.

2) 某个人 mǒu ge rén: 어떤 사람.

3) 领工资 lǐng gōngzī: 임금을 타다.

4) 发现 fāxiàn: 발견하다.

5) 勃然大怒 bórán dà nù: 발끈 화를 내다.

6) 责问 zéwèn: 책문하다.

7) 会计 kuàijì: 회계.

8) 恼火 nǎohuǒ: 화내다.

9) 厉声 lìshēng: 성난 목소리.

10) 偶然 ǒurán: 우연히.

11) 谅解 liàngjiě: 양해하다.

他勃然大怒, 去责问会计。

그는 발끈 화를 내며 회계에게 책망하며 질문했다.

「勃然」은 갑자기 화를 내는 모습을 나타내고, 「大怒」는 '크게 화를 내다'이다.
따라서 「勃然大怒」는 '발끈 화를 내다', '벌컥 성을 내다'의 뜻이다.

如果偶然一次错误是完全可以谅解的, 但我不能容忍第二次错误。

만약에 우연한 한 번의 잘못은 완전히 양해가 되지만 그러나 나는 두 번째 잘못은 용납 못한다.

「如果····(的话)」는 '만약에 ～하다면'의 뜻으로 가정의 뜻을 나타낸다. 「假如」, 「若是」, 「要是」도 가정형 문에 쓰이며, 호응관계로 「就」가 함께 쓰인다.

> 예 如果有事(的话), 可以打电话找我。
>
> 만약 용무가 있다면 전화로 나를 찾아도 된다.

「偶然」은 부사로 '우연히', '이따금', '때때로'를 의미한다.

> 예 昨天在路上偶然碰到一个小学时的同学。
>
> 어제 길에서 우연히 초등학교 때의 동창을 만났다.

「一次」는 양사로 '한 번'이라는 뜻이고, 「第」를 붙여 「第二次」라고 하면 '두 번째'의 뜻으로 순서를 나타낸다.

07 爸爸的亲笔签名

老师说："小东，你没把你的考卷给父母看，是吗?"

小东回答："不，老师，我给他们看了。"老师："可是我在考卷上面根本找不到你父亲的亲笔签名啊。"

小东向老师露出手臂上的鞭伤，说："老师，在这里。"

1) 亲笔 qīnbǐ: 친필.

2) 签名 qiānmíng: 사인.

3) 考卷 kǎojuàn: 시험지.

4) 根本 gēnběn: 전혀. 근본적으로.

5) 露 lù: 보이다. 나타나다.

6) 手臂 shǒubì: 팔.

7) 鞭伤 biān shāng: 채찍에 의한 상처.

我在考卷上面根本找不到你父亲的亲笔签名啊。

내가 시험지 위에서 네 아버지의 친필 서명을 전혀 찾을 수 없구나.

「找不到」는 「找得到」의 반대말로 「找」 '찾다'에 가능보어를 써서 '찾을 수 있다', '찾을 수 없다'의 뜻이다.

● 가능보어 문형: 「동사1 + 得/不 + 동사2 + (목적어)」

예 看得见 볼 수 있다.↔看不见

听不懂 알아들을 수 없다.↔听得懂

做得完 다 할 수 있다.↔做不完

找不到 찾을 수 없다.↔找得到

「根本」은 '처음부터 끝까지', '전혀', '아예'라는 뜻을 나타내고, 전제한 것이 틀렸거나, 근본적으로 그러한 상황이 없었음을 나타낼 때 쓰인다.

예 我根本不认识他。　나는 그를 전혀 알지 못한다.

他向老师露出手臂上的鞭伤。

그는 선생님을 향해 팔에 있는 채찍 자국을 들어내 보였다.

「向」은 방향을 이끌어내는 전치사로 '～을 향해 ～하다'의 뜻이며 「向····露出」은 '～를 향해 노출하다'의 뜻으로 쓰인다.

08 他是来看病的

一个医生正在给病人看病。 他的护士急急忙忙地跑进来说："不好了，你刚看完病的那个病人，一走出医院的大门就倒在门口了，我们怎么办呢？" "把他转过身来，头向着我们医院，"医生说，"让别人看了就觉得他是准备进来看病的。"

1) 看病 kànbìng: 진찰하다.

2) 护士 hùshi: 간호사.

3) 急急忙忙地 jíjí mángmang: 급하게 ～하다.

4) 跑进来 pǎojìnlai: 뛰어 들어오다.

5) 倒 dǎo: 쓰러지다.

6) 转身 zhuǎnshēn: 몸을 돌리다.

7) 向着···· xiàngzhe: ～로 향하고 있다.

8) 准备 zhǔnbèi: 준비하다. ～할 예정이다.

一个医生正在给病人看病。

한 의사가 마침 환자를 진찰하고 있었다.

「正在」는 부사로 '마침(한창) ～하고 있는 중이다'의 뜻으로 동작의 진행이나
상태의 지속을 나타낸다.
「给」은 '～에게 ～을 해 주다'의 전치사이다.
「看病」은 '진찰하다'의 뜻으로 쓰이며, 「看病」과 「看医生」은 '병을 보다'와
'의사를 보다'의 뜻이나, 모두 중국어 표현으로는 병원에 가서 '진찰하다'의 의
미이다. 따라서 「给病人看病」은 '환자에게 진찰을 해 주다'의 뜻이다.

他的护士急急忙忙地跑进来。

그의 간호사가 급하게 뛰어 들어왔다.

「急急忙忙」은 「AABB」 형식의 형용사 중첩 형태이며, 이 형용사가 의미하는
뜻의 정도가 가중되는 역할을 한다. 따라서 「형용사중첩＋地」의 형식으로 「急
急忙忙地」는 '매우 바쁘게 ～하다'라는 뜻이 된다. 형용사중첩형은 「非常」, 「
很」과 함께 쓰일 수는 없다.

不好了!

큰일 났어요.

「不好了!」는 상황이 좋지 않고 그 상태가 긴박함을 나타낼 때 일상적으로 쓰이는 말로, '큰일 났다'의 뜻으로 쓰인다. 반복하여 「不好了! 不好了!」 해도 된다.

一走出医院的大门就倒在门口了。

병원 대문을 나서자마자 바로 문 입구에 쓰러졌다.

「一···· 就····」는 '～하자마자 ～하다'의 뜻으로 여기서는 「一走出····, 就倒在····」 '걸어 나오자마자 바로 ～에 쓰러졌다'의 뜻이다.

●「一···· 就····」의 의미

① '～하자마자, 바로 ～하다'의 뜻으로 두 동작이 연이어 행해짐을 나타낼 때 사용된다.

> **예** 她一看到我就流下了眼泪。
>
> 그녀는 나를 보자마자 바로 눈물을 흘렸다.

② 일반 조건을 나타낼 수도 있다. 뜻은 '～하기만 하면 ～하다'이다.

> **예** 他一喝酒, 脸就红。 그는 술을 마시기만 하면 바로 얼굴이 빨개진다.

我们怎么办呢?

우리는 어떻게 하지요?

「怎么办呢?」 일상적으로 많이 쓰이는 말로 성질, 상황, 방식, 원인 등을 물을 때 사용되며, '어떻게 (처리)하지요?'의 뜻이다. 그 정도가 심각할 경우 의미를 확대해서 '어떻게 하지? 큰일 났다'로 해석해도 된다.

把他转过身来, 头向着我们医院。

그의 몸을 돌려놓고, 머리를 우리 병원으로 향하게 하다.

이 문장에서 「把」자문의 문형은 「把＋명사＋동사＋성분(방향보어)」로 구성되

어 있다. 여기서는 동작을 강조하고 명사부분의 단어를 방향보어 쪽으로 이동
하게 하다의 뜻이다.

「转过身来」는 이합동사 「转身」과 방향보어 「过来」가 함께 쓰였는데, 이 경우
에는 이합동사의 명사 부분을 방향보어 사이에 위치하여 「把他转过身来」 ‘그
의 몸을 돌려놓다’의 뜻으로 표현됐다.

● 이합동사의 예시

이합동사는 「동사＋목적어」 구조로 된 동사이며, 상황에 따라 분리될 수 있
다. 또한 「동사＋목적어」의 구조를 가지고 있기에 목적어 뒤에는 또 다른 목
적어나 명사성 단어는 올 수가 없다. 그리고 동태조사 「了」, 「着」, 「过」와
수량사는 동빈 구조(동사와 목적어) 사이에 위치한다.

- **이합동사:**

见面, 洗澡, 唱歌, 跳舞, 帮忙, 打架, 结婚, 说话, 散步, 聊天, 请客, 睡觉,
吵架

> **예** 结了婚 결혼했다.
>
> 吵了架 싸웠다.
>
> 说着话 말을 하고 있다.
>
> 唱着歌 노래를 부르고 있다.
>
> 见过面 만난 적이 있다.
>
> 洗过澡 목욕을 했다.
>
> 帮了一个忙 좀 도와주었다.
>
> 唱过一首歌 노래를 한 곡 불렀다.
>
> 见了两次面 두 번 만났다.

「着」은 동태조사로 동사의 뒤에 붙여 쓸 수 있고, ‘～하고 있다’, ‘～하고 있는
중이다’의 뜻을 가지며 동작이 현재 진행 중임을 나타낸다. 그러므로 「····向
着····」은 ‘～을 ～로 향하고 있다’의 뜻이다.

让别人看了就觉得他是准备进来看病的。

다른 사람이 보면 그가 들어와 진찰하려고 하는 것처럼 느끼도록 하세요.

「让」은 사역동사로 '～로 하여금 ～하게 하다'의 뜻이다.
「觉得……」은 '～라고 느끼다'의 뜻으로 「让……看了觉得……」 문형을 보면
'～로 하여금 ～을 보고 ～을 느끼게 하다'의 뜻이다.

● 「让」의 용법
문장구조는 「주어1 + 让 + 주어2 + 동사～」
① 「使」, 「叫」와 같은 의미로,
　　谁让你把手机送来的? 누가 너에게 휴대폰을 보내오라고 했니?
② 바람을 나타낸다.
　　让我们永远在一起。　우리가 영원히 함께 있었으면 좋겠다.
③ 전치사로 쓰이며, 「被」와 의미가 같다.
　　这道菜让弟弟吃光了。　이 음식은 동생이 다 먹어 치웠다.

09 给我弄一台

有一个人没办法控制自己偷东西的毛病， 就去求医生帮助。"先吃这些药片试试，应该会见效的。"医生说。"如果不见效怎么办?"可怜的病人问。"那就给我弄一台录像机，好吗?"医生低声说了。

1) 弄 nòng: 하다. 마련하다.

2) 一台 yì tái: (기계)한 대.

3) 控制 kòngzhì: 제어하다.

4) 毛病 máobìng: (나쁜)버릇, 습관.

5) 求····帮助 qiú bāngzhù: ~에게 도움을 요청하다.

6) 药片 yào piàn: 약.

7) 试 shì: 시도하다.

8) 见效 jiànxiào: 효과를 보다.

8) 可怜 kělián: 불쌍하다.

9) 录像机 lùxiàngjī: 비디오.
10) 低声 dīshēng: 낮은 목소리.

没办法控制自己偷东西的毛病。

물건 훔치는 버릇을 자신이 스스로 제어할 수 없다.

「没办法」은 '방법이 없다'라는 뜻이며, 단독으로 사용이 되고, 뒤에 동사를 수반하면 '~을 할 수 없다' 또는 '~을 할 방법이 없다'의 뜻이 된다. 「没办法控制」는 '자제할 수 없다', '제어할 방법이 없다'의 뜻으로 해석된다.

> 예 事情到了这个地步, 已经没办法解决了。
>
> 일이 이 지경에 이르렀으니 이미 해결할 방법이 없다.

「毛病」은 안 좋은 버릇이나 습관을 말하며 「偷东西的毛病」은 '물건 훔치는 버릇'이라는 뜻이다.

去求医生帮助。

의사에게 도움을 요청했다.

도움을 요청할 때 동사는 「求」를 써서 「求····帮助」 '도움을 요청하다'로 표현한다.

先吃这些药片试试, 应该会见效的。

우선 이 약들을 좀 먹어 보세요. 분명히 효과를 볼 것입니다.

「先」은 일의 순서를 나타내는 '먼저'라는 뜻이다.

「试试」는 동사의 중첩형으로 '시도해 보다'의 뜻이다. 따라서 「先····试试」는 '먼저 ～을 하여 시도해 보다'의 뜻이 된다.

● **동사의 중첩형**

동사의 중첩형은 동작이 이루어지는 시간이 짧거나 동작이 가볍게 행해짐을 나타낸다. 때로는 시험 삼아 어떤 행동을 하는 것을 나타내기도 한다.

중첩형식:

① 단음절 동사: 「AA」, 「A一A」

  완료형: 「A了A」

② 2음절: 「ABAB」

  완료형: 「AB了AB」

> **예** 请给我看看你的护照。
>
> 여권을 좀 보여 주세요.
>
> 我们出去走走, 呼吸呼吸新鲜空气吧。
>
> 우리 나가서 좀 걸으며 신선한 공기를 좀 마시자.

「见效」는 '효과를 보다'의 뜻이며, 「效」는 「效果」의 준말이다. 반대 형은 「不见效」 '효과를 보지 못했다'라고 하면 된다.

> **예** 吃了药很快就见效了。 약을 먹고 금방 효과를 보았다.

10 一个婴孩儿和爸爸

一个爸爸抱着号啕大哭的婴孩， 嘴里还不停地说着："正德啊！要镇静，要镇静啊！"一个妇女看到这个光景，说："你真是个有耐心的爸爸啊！你的孩子叫正德吗?"那个爸爸却说："不，我的孩子叫小德，正德是我。"

1) 婴孩儿 yīngháir: 영아.

2) 抱 bào: 안다.

3) 号啕大哭 hàotáo dà kū: 매우 심하게 울다.

4) 嘴 zuǐ: 입.

5) 镇静 zhènjìng: 진정하다.

6) 妇女 fùnǚ: 부인. 여성.

7) 光景 guāngjǐng: 광경. 상황.

8) 耐心 nàixīn: 인내심.

嘴里还不停地说。
입으로 쉬지 않고 말한다.

「地」는 구조조사로 동사 또는 형용사 앞에 쓰여, 그 앞 단어가 연어임을 나타낸다. 즉 「不停地说」은 '말을 쉬지 않고 하다'의 뜻이다. 「地」가 조사로 쓰일 때는 「的」과 같이 「de」로 발음한다.

> 예 认真地对待 진지하게 대하다.
> 积极地工作 적극적으로 일하다.

要镇静啊!
진정해야 해!

「要····啊!」는 상대방에게 요구하거나 다그치는 상황일 때 쓰이는 상용표현으로 「要镇静啊!」는 '진정해라', '진정해야만 해'라는 뜻이다. 부정으로 쓰일 때는 「不要」 또는 「别」 '하지 마라'로 표현하면 된다.

你真是个有耐心的爸爸啊!
당신은 정말 인내심이 많은 아버지이군요.

「真」은 '확실히', '정말로'라는 뜻으로 긍정의 어기를 강하게 한다. 따라서 「真是个····啊!」는 감탄의 뜻을 나타내어 '정말로 ～이군요!'의 의미이다.

11　门铃坏了

一个夫人向一个来修门铃的修理工抱怨说："我以为你昨天会来修门铃的，我等了老半天，你都没来。"

修理工说："是的，我来过两次，每次按门铃都没人来开门，我就回家了。"

1) 门铃 ménlíng: 초인종.

2) 坏 huài: 고장 나다.

3) 修 xiū: 수리하다.

4) 抱怨 bàoyuàn: 불평하다.

5) 修理工 xiūlǐ gōng: 수리공.

6) 以为···· yǐwéi: ～로 (잘못)여기다.

7) 老半天 lǎo bàntiān: 한참. 반나절

8) 按 àn: 누르다.

一个夫人向一个来修门铃的修理工抱怨。

한 부인이 초인종 수리를 하러 온 수리공에게 불평을 했다.

「向」은 전치사로 '~을 향해 ~하다'의 뜻이므로 「向····抱怨」은 '~을 향해 불만을 표하다'의 뜻이다.

我以为你昨天会来修门铃的, 我等了老半天, 你都没来。

나는 당신이 초인종을 어제 수리하러 올 줄 알았는데, 한참 기다려도 오지 않았더군요.

「以为」는 '여기다', '생각하다', '인정하다'의 뜻으로 어떤 사람이나 사물에 대해 주관적인 견해나 판단을 지니고 있음을 나타낸다. 유의어로 「认为」가 있는데, 견해를 확정시켜서 판단을 내리는 것을 가리킨다. 따라서 「以为」의 경우 뒤에 「原来」를 써서 '~로 생각했으나, 알고 보니 ~이구나'의 표현으로 쓰인다.
「半天」은 하루의 반이 아니라 '한참'의 뜻이며, 주로 말하는 사람의 주관적인 느낌으로 상당히 긴 시간을 가리킨다.
「老」는 '늙다'라는 뜻이지만 여기서는 '오랫동안', '매우'의 뜻이다. 따라서 이 두 단어를 합친 「老半天」은 강조의 의미로 '한참', '반나절'의 뜻이다.

每次按门铃都没人来开门。

매번 초인종을 눌러도 사람이 나오지 않았다.

「每····都」 규율적인 행위나 동작이 모두 같은 결과를 갖게 됨을 나타내고 '매번 ~할 때마다 다 ~하다'의 뜻을 가진다.

예 每次经过这里都看到这个牌子。

매번 이곳을 지날 때마다 이 팻말을 보게 된다.

12 还债的方法

有某甲、某乙和某丙三个人，　每个人都欠同一个人五美元。　债主死后，这三个人决定立刻还债。　甲往棺材里放了五美元的纸币，乙也放了五美元。　丙往棺材里放了一张十五美元的支票，　然后找回了刚刚放的那两张五美元现钞。

1) 还债 huánzhài: 빚을 갚다.

2) 方法 fāngfǎ: 방법.

3) 欠 qiàn: 빚을 지다.

4) 美元 měiyuán: 달러.

5) 债主 zhàizhǔ: 채권자.

6) 决定 juédìng: 결정하다.

7) 立刻 lìkè: 곧바로.

8) 往··· wǎng: ~방향으로.

9) 棺材 guāncái: 관.

10) 纸币 zhǐbì: 지폐.

11) 支票 zhīpiào: 수표.

12) 刚 gāng: 방금.

13) 现钞 xiànchāo: 현금.

债主死后, 这三个人决定立刻还债。

채권자가 죽은 후 이 세 사람은 즉각 빚을 갚기로 결정을 했다.

「立刻」은 부사로서 '즉시', '당장', '곧'의 뜻이고, 어떤 상황이 발생하거나 머지않아 곧 발생할 것임을 나타내며, 시간이 아주 짧음을 강조한다. 유사어로 「马上」, 「立即」이 있다. 「立刻」과 「马上」은 구어와 서면어에서 모두 상용하고, 「立即」은 주로 서면어에 쓰인다.

甲往棺材里放了五美元的纸币。

갑은 관에다 5달러짜리 지폐를 넣었다.

「往」은 전치사로 '~방향으로 동작이 행해지다'라는 뜻으로 쓰인다. 여기서 「往····里」는 '~속으로'의 뜻이다.

● 「往」(wǎng, wàng)의 용법
　① 전치사로 동작이 이루어지는 방향을 나타낸다.

예 你们千万不要往下看。　너희들은 절대 아래로 보지 마라.

② 동사 뒤에 놓일 수 있으며, 상용되는 것으로는「开往」,「通往」, 등이 있다.

예 本次列车开往大田、大邱。　이번 열차는 대전, 대구로 운행한다.

找回了刚刚放的那两张五美元现钞。

방금 넣은 그 5달러짜리 현찰 두 장을 거슬러 갔다.

「找」는 '찾다'라는 동사이며, 방향보어를 붙여「找回」하면 '되찾다'라는 뜻이 된다.

「刚」과「刚刚」은 시간부사로 동사 앞에 써서 동작이나 상황이 말하기 바로 전에 발생했음을 나타낸다.

13 真灵

两个人一同到一口许愿井前许愿。 其中一个人弯下腰许了个愿，还往井里投了一个硬币。 另一个人也想许愿，但他弯下腰时一不小心就掉进井里了。 站在旁边的那个人惊呆了，自言自语道："真灵啊!"

1) 灵 líng: 영험하다.

2) 一口井 yì kǒu jǐng: 우물 한 곳.

3) 许愿 xǔ yuàn: 소원을 빌다.

4) 其中 qízhōng: 그 가운데.

5) 弯下腰 wān xià yāo: 허리를 굽히다.

6) 硬币 yìng bì: 동전.

7) 一不小心就···· yí bù xiǎoxīn jiù: 조심하지 않아 바로 ～되다.

8) 惊呆了 jīng dāi le: 놀라 어리둥절하다.

9) 自言自语 zìyán zìyǔ: 혼잣말을 하다.

他弯下腰时一不小心就掉进井里了。

그가 허리를 굽히자 조심하지 않아 우물 안으로 떨어져 버렸다.

「不小心」은 '조심하지 못하다', '실수하다'의 뜻이며, 「一····就····」 사이에
넣으면 '조심하지 않아 바로 ～가 되었다'의 뜻이다.
「掉进井里」는 '우물 속으로 떨어지다'의 뜻이다. 따라서 「一不小心就掉进井里
了」는 '조심하지 않아 우물 안으로 바로 떨어져 버렸다.'라는 뜻이다.

真灵啊!

참 영험하다!

「真」은 '확실히', '정말로'라는 뜻이다.
「灵」은 '영험하다'의 뜻이다. 영적으로 잘 들어맞거나 신기하다는 감탄을 자아
낼 때 긍정의 어기가 강한 「真」과 함께 써서 「真灵啊!」 하면 '정말 영험하다'
라는 감탄문이 된다.

14 以后我不是亚当了

一个精神病患者他以为自己是亚当。 医生医治了好几个月，总算把他医治好了。 医生向他保证："你以后再也不会以为自己是亚当了。" "是吗?" 说完，病人拿出纸笔很伤心地说："我要写信给夏娃，把这个坏消息告诉她。"

1) 以后 yǐhòu: 이후에. 나중에.

2) 亚当 yàdāng: 아담.

3) 精神病 jīngshén bìng: 정신병.

4) 患者 huànzhě: 환자.

5) 医治 yīzhì: 치료하다.

6) 好几个月 hǎo jǐ ge yuè: 여러 달.

7) 再也不会···· zài yě bú huì: 다시는 ~할 리가 없다.

8) 拿起 ná qǐ: 들어 올리다.

9) 纸笔 zhǐ bǐ: 종이와 팬.

10) 写信 xiě xìn: 편지를 쓰다.

11) 夏娃 xiàwá: 하와. 이브.

医生医治了好几个月，总算把他医治好了。

의사가 그를 여러 달 동안 치료하여 간신히 치료를 다 마쳤다.

「好几个月」의 「好」는 '좋다'의 뜻이나 여기서는 부사로 형용사 「多」, 「久」나 「几」의 앞과, 수량사, 시간사 등의 앞에 쓰여 수량이 많거나 시간이 오래됨을 강조할 때 쓰인다. 따라서 「好几个月」는 '아주 오랫동안'의 뜻으로 쓰인다.

「总算」은 '간신히', '드디어'의 뜻으로 부단한 노력의 결과, 또는 간신히 어떤 소망이 실현됨을 나타낸다.

> **예** 艰难的岁月总算过去了。 고달픈 세월은 드디어 지나갔다.

「医治好」의 「好」는 동사의 결과보어로 「完」의 의미와 같다. 그러므로 「医治好」는 '치료가 다 되다'의 뜻이다. 의사가 여러 해 동안 치료하여 드디어 치료가 되었을 때 「总算医治好了」라고 하며, 힘겹게 결과를 얻었음을 의미한다.

你以后再也不会以为自己是亚当了。

당신은 다시는 자신이 아담이라고 여기지 않을 겁니다.

「再也不」은 두개의 부사 「再也」를 연용하여 어떤 시간 이전에는 행위나 동작, 상태가 있었지만 그 이후에 더 이상 계속되거나 반복되지 않음을 강조하는 표현이다. 부정형은 「不」나 「没」을 써서 「再也不····」 '다시는~하지 않다', 「再也没····」 '다시는 ~하지 못했다'로 표현한다.

> **예** 我再也没见到他。　나는 다시는 그를 보지 못했다.

是吗?

그래요?

'그렇습니까?'라는 뜻이며, 상대에게 되물어보는 표현이다. 이는 깨달음이나 불확실함과 못미더워하는 심정을 나타낼 때 쓰인다.

15 肉食动物

老师：“你脚上穿的是什么?”

学生：“是皮鞋。”

老师：“皮是从哪儿来的?”

学生：“是从牛身上来的。”

老师：“那么，供你皮鞋穿，还供你肉吃的动物是什么?”

学生：“是我爸。”

1) 肉食 ròushí: 육식.

2) 动物 dòngwù: 동물.

3) 脚 jiǎo: 발.

4) 穿 chuān: (옷)입다. (신)신다.

5) 皮鞋 píxié: 가죽구두.

6) 从····来 cóng lái: ~에서부터 오다.

7) 皮 pí: 가죽.

8) 牛 niú: 소.

9) 供 gōng: 제공하다

皮是从哪儿来的?

가죽은 어디로부터 왔어?

「从」은 전치사로서 '~에서부터'의 뜻을 나타내고, 어떤 기점을 나타내며 시간적인 개념과 공간적인 개념에 모두 사용할 수 있다. 「从····来」는 '~에서부터 오다'의 뜻으로 쓰인다.

「是····的」 용법은 지나간 일에 대해 설명할 때 「是＋시간/장소/방식＋동사(＋목적어)＋的」의 구조로 쓰며, 「是」와 「的」 사이의 사실을 강조해 준다. 따라서 「是从哪儿来的?」는 '어디서 왔니?'의 뜻으로 장소를 강조하기 위해 「是····的」 용법을 썼다.

> **예** 你是怎么知道的? 너는 어떻게 알았니?
>
> 我是从韩国来的。 나는 한국에서 왔어요.

供你皮鞋穿, 还供你肉吃的动物是什么?

너에게 가죽 구두를 신을 수 있게 제공하고, 고기를 먹을 수 있게 제공해 준 동물은 무엇이지?"

「供＋명사＋동사」는 '～을 ～에 제공해 주다'의 구조로 「供你皮鞋穿」은 '당
신에게 입을 수 있도록 신발을 제공하다'의 뜻이고, 「供你肉吃」은 '당신에게
먹을 수 있도록 고기를 제공하다'의 뜻이다.

16 打不着球

> 大夫劝告一位很胖的患者把打高尔夫作为减肥运动。"那对我不合适。" 患者说，"我从前试过，如果我把球放在我能打着的地方， 我就看不见球； 反过来，我把球放在能看见的地方，我又打不着球了!"

1) 打不着 dǎ bu zháo: (공을) 칠 수가 없다.
2) 劝告 quàngào: 타이르다. 권하다.
3) 胖 pàng: 뚱뚱하다.
4) 高尔夫 gāoěrfū: 골프.
5) 作为···· zuòwéi: ～로 삼다.
6) 减肥 jiǎnféi: 다이어트를 하다.
7) 对····不合适 duì bù héshì: ～에 적합하지 않다.
8) 从前 cóngqián: 옛날. 예전에.
9) 球 qiú: 공.

10) 反过来 fǎnguòlai: 반대로.

大夫劝告一位很胖的患者把打高尔夫作为减肥运动。

의사가 한 뚱뚱한 환자에게 골프 치는 것을 다이어트 운동으로 삼으라고 권했다.

「A劝告B」는 'A가 B를 타이르다'의 뜻이다.
「把~作为~」는 '~을 ~으로 여기다'의 뜻이다.

● 이 과의 「把」자구 문형 살펴보기:

① 「把＋명사1＋동사＋명사2」

「把~作为~」는 '~을 ~으로 여기다', '~로 삼다', '~로 간주하다'의 의미로 「명사1」을 「명사2」로 여기다 '삼다'로 해석하면 된다. 따라서 「把打高尔夫作为减肥运动」은 '골프를 다이어트 운동으로 삼다'로 해석한다.

② 「把＋명사1＋동사＋在/到＋명사2」

「명사2」는 「在」나 「到」 뒤에 써서 주로 동작이 이르는 장소를 나타낸다. 따라서 「把球放在我能打着的地方」은 '공을 내가 칠 수 있는 곳에 놓는다'이고, 「把球放在能看见的地方」은 '공을 내가 보이는 곳에 놓는다'이다.

对我不合适。

나에게 부적당하다.

「对」는 '~에 대하여', '~에게는 ~하다'의 뜻을 나타내며, 전치사로서 동작의 대상을 지시하는 역할을 한다. 따라서 「对我不合适」은 '나에게 적합하지 않다'의 뜻이다.

如果我把球放在我能打着的地方，我就看不见球。

내가 만일 그 공을 내가 칠 수 있는 곳에 놓으면, 나는 공을 볼 수 없다.

「如果」는 가정(가설)을 나타내는 표현으로 「如果＋‥‥＋주어＋就＋결론」 '만약～라고 하면, 곧 ～일 것이다' 의 뜻으로 가정에 따라 결과가 바뀔 때 쓴다. 같은 뜻으로 「若是」, 「要是」 등이 있다. 호응관계로 「就」가 함께 쓰인다.

> **예** 如果明天下大雨，我就不去玩儿了。
>
> 만약 내일 큰비가 오면, 난 놀러 가지 않는다.
>
> 如果再来的话，我想去参观故宫。
>
> 만약 다시 온다면, 나는 고궁 구경하러 갈 것이다.

「能打着」는 동사 앞에 능원동사 「能」을 써서 「着」의 결과에 이름을 말한다. 「看不见」은 동사에 가능보어의 부정형을 써서 '볼 수 없다'의 뜻이다.

反过来，我把球放在能看见的地方，我又打不着球了。

반대로, 내가 그 공을 보이는 곳에 놓으면 나는 공을 칠 수가 없다.

「反过来」는 '이와 반대로', '바꾸어서'의 뜻으로 비교적 강한 대비감을 지닌다. 보통 두 단문을 연결하며, 중간에 단독으로 쓰여 앞뒤 문맥의 의미가 상반됨을 나타낸다. 동사를 붙여 「反过来说」 '바꿔 말하면', 「反过来想」 '반대로 생각하면'의 말로도 표현한다.

「着」은 동사의 가능보어로 쓰여 「동사＋得/不＋着＋(목적어)」의 구조를 이룬다. 「打不着」은 때리는 행위가 결과에 이루지 못함을 말하여 '맞힐 수 없다' 뜻으로 쓰인다. 가능을 나타낼 때는 「打得着」 '맞힐 수 없다'로 표현하면 된다. 가능보어 대신 능원동사를 써서 가능을 나타내어 「能打着」, 「能看见」이라고 표현해도 된다.

● 능원동사와 가능보어

能看见＝看得见 볼 수 있다. ↔ 看不见 볼 수 없다

能听懂＝听得懂 알아들을 수 있다. ↔ 听不懂 알아들을 수 없다.

能做完＝做得完 다 할 수 있다. ↔ 做不完 다 할 수 없다.

能打着＝打得着 맞힐 수 있다. ↔ 打不着 맞힐 수 없다.

17 吓跑了患者

一个妈妈带他的儿子看牙医，付钱的时候抱怨地说："真不明白，我以为他的医治费十块钱就够了，怎么会是四十块钱呢？" 医生说："夫人，一般情况下是十块钱。没错，可是你的儿子大声的叫喊，　　　结果吓跑了另外三个患者。"

1) 吓跑 xià pǎo: 놀라 도망가다.

2) 付钱 fù qián: 돈을 지불하다.

3) 明白 míngbai: 이해하다. 명백하다.

4) 医治费 yīzhì fèi: 치료비.

5) 没错 méi cuò: 맞다. 틀림이 없다.

6) 叫喊 jiàohǎn: 소리를 지르다.

7) 另外 lìngwài: 따로. 다른.

真不明白。

정말 이해가 안 간다.

「真不明白」은 상용표현으로 '정말 모르겠다', '정말 이해가 안 된다'의 뜻이다.

我以为他的医治费十块钱就够了, 怎么会是四十块钱呢?

나는 이 아이의 치료비가 10원이면 충분하다고 여겼는데, 어떻게 40원이나 될 수가 있어요?

「会」는 '~할 것이다'라는 뜻으로 추측을 나타내는데, 보통 장래의 가능성을 표시한다.

「怎么会····」는 '어떻게 ~그럴 수가 있나?'의 뜻으로 앞에 있는 「以为」와 함께 써서 「以为···· 怎么会····?」는 '나의 주관적인 견해나 판단으로는 이렇게 생각했는데 어떻게 그럴 수가 있나요?'라고 하는 의미이며, 생각과 상반된 상황에 대해 상대에게 항의하는 의미를 지닌다.

「够」는 동사로서 '충분하다', '넉넉하다'의 뜻이며, 필요한 수량, 표준, 정도 등을 만족시킨다는 뜻이다. 뒤에 「了」를 함께 써서 아주 높은 정도에 도달했음을 나타낸다. 따라서 「十块钱就够了」는 '단지 십 원이면 충분하다'의 뜻으로 해석된다.

一般情况下是十块钱。

일반적인 상황에서는 10원이다.

「下」는 방위사로 조건을 표시한다. 여기서 「一般情況下····」는 '일반적인 상황에서는 ～이다'의 뜻이다.

예 在这样的情况下，没有别的选择。 이런 상황하에서 다른 선택이 없다.

结果吓跑了另外三个患者。

결국 다른 환자 세 명을 놀라게 하여 도망가 버리게 했으니까요.

「结果····」는 '결과'라는 뜻의 명사이기도 하고, 여기서는 부사로 '결과적으로는 ～', '결국은 ～'의 뜻으로 결과를 말할 때 쓰인다.
「吓」은 '놀라다'라는 동사이고, 결과보어인 「跑了」를 써서 '놀라 도망가 버리다'의 뜻이다.
「另外」는 '따로', '나머지, '다른', '그 밖의'라는 뜻을 나타낸다. 명사 뒤에 쓰이며, 이때 「另外」 뒤의 명사는 생략하고 「的」을 써서 「另外的」라고 표현해도 된다. 또한 「另外」는 단독으로 쓰여 말의 방향을 일부 전환할 때 '그리고', '그 밖에'의 뜻이 된다.

18 我没喝醉

一个人喝醉了酒，回到家门口。 他把钥匙拿出来开门，可是开了半天，也没能把门打开。 这时，他的邻居走过来说："要我帮忙吗?" 这个醉汉说："麻烦你帮我把房子抓住，别让它晃。"

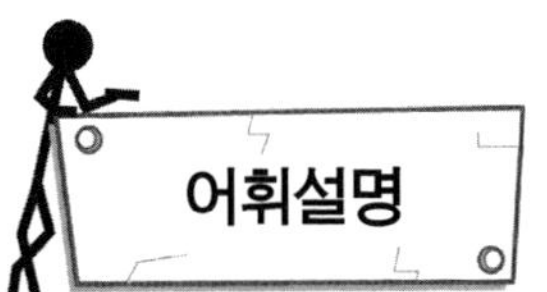

1) 喝醉 hēzuì: (마셔서) 취하다.

2) 半天 bàntiān: 한참 동안. 반나절.

3) 醉汉 zuìhàn: 술 취한 남자.

4) 帮忙 bāngmáng: 돕다.

5) 麻烦 máfan: 번거롭다.

6) 抓住 zhuāzhù: 잡다.

7) 晃 huàng: 흔들리다.

可是开了半天，也没能把门打开。

그러나 한참 동안 열려고 해도 문을 열 수가 없었다.

「可是」는 전환관계에서 쓰이는 접속사로 '그러나', '하지만'의 뜻이다. 「不过」,
「但是」도 같은 의미이지만 「但是」>「可是」>「不过」의 순으로 강도의 차이는
있다.
「没/不＋把」 문형은 「把」자문의 부정형으로 「把」자문에서 부정사와 능원동사
는 「把」 앞에 붙여 「没能把门打开」로 표현하며, 뜻은 '문을 열 수가 없었다'
이다. 「没」는 과거의 부정이고, 「不」은 현재의 부정으로 현재를 부정하면 가정
의 의미가 된다.

要我帮忙吗?

제가 도와 드릴까요?

「要⋯⋯吗?」 '～할 필요 있습니까?'의 뜻이며, 「要我帮忙吗?」는 상용표현으로
'제가 도와 드릴까요?'의 뜻이다.

麻烦你帮我把房子抓住，别让它晃。

번거롭겠지만 이 집을 흔들리지 않도록 좀 잡아 주세요.

「麻烦」은 '번거롭다'의 동사이다. 「麻烦你」는 일상적으로 자주 쓰이는 용어로
'번거롭게 하겠습니다', '폐 좀 끼치겠습니다'의 뜻으로 폐를 끼치기 전에 먼저
쓰는 말이다. 문미에 「了」를 붙여 「麻烦你了」 '폐 끼쳤습니다', '번거롭게 했
습니다'는 폐를 끼치고 나서 미안하다는 뜻으로 이 말을 사용하면 된다.
「别」은 부사로 '～하지 마라'라는 명령문을 만들 때 쓰는 것으로서 「别让它晃

」은 '흔들리지 않도록 하여라'라는 뜻이 된다. 「不要」와 뜻이 같으며, 「別」 뒤에 동사를 바로 붙여 '～을 하지 마라'라는 명령문이 된다.

예 別开玩笑。 농담하지 마라.

別动手。 손대지 마라.

「让」은 사역동사로도 쓰여 '～하게 하다', '～하도록 하다'의 뜻이며, 어떤 일에 대한 사주, 허락, 방임의 의미를 지닌다.

19 真有能耐

老杨是个经理，因贪污受贿而被捕。 他的下属对外界解释道："我们的经理真有能耐，他在位的时候，吃的是高级饭店，住的是高级宾馆，玩的是高级舞厅。现在出事了，进的也是高级法院。"

1) 真有能耐 zhēn yǒu néngnài: 정말 수완(능력)이 있다.

2) 贪污 tānwū: 탐오하다. 횡령하다.

3) 受贿 shòu huì: 뇌물을 받다.

4) 被捕 bèi bǔ: 체포되다.

5) 下属 xiàshǔ: 부하. 아랫사람.

6) 外界 wàijiè: 외부.

7) 在位的时候 zàiwèi de shíhou: 재위할 때.

8) 高级 gāojí: 고급.

9) 饭店 fàndiàn: 식당. 호텔.

10) 宾馆 bīnguǎn: 여관. 호텔.

11) 舞厅 wǔtīng: 무도장.

12) 出事 chū shì: 사고가 발생하다.

13) 高级法院 gāojí fǎyuàn: 대법원.

因贪污受贿而被捕。

횡령과 뇌물수수의 이유로 체포되었다.

「因」은 「因为」의 뜻으로 어떤 동작이나 행위의 원인, 근거 등을 나타내는 데 쓰인다. 뒤에 결과를 나타내기 위해 「而」와 호응하여 「因····而····」 '～ 때문에 ～하다'의 구조로 「因」 뒤에는 원인이 오고, 「而」 뒤에는 수단이나 결과가 온다.

「被」는 '～에게 ～를 당하다'의 뜻이며, 「被 + 명사/명사구 + 동사」의 형식으로 피동문을 구성한다. 「被」의 앞에 나오는 주어는 동작을 당하는 대상이 된다. 여기서「被捕」처럼 「被」 뒤의 명사가 일반적인 사람인 경우 생략이 가능하다.

> 예 玻璃被我打碎了。　내가 유리를 깼다.(유리가 나에 의해 깨졌다.)
>
> 那本书已经被人借走了。　그 책은 이미 다른 사람이 빌려 갔다.

他的下属对外界解释。

그의 부하직원이 외부에 설명했다.

「对」는 '～에 대하여 ～하다'의 의미이며, 「对····解释」은 '～에게 해명(설명)

하다'의 뜻이다.

吃的是高级饭店，住的是高级宾馆。

먹는 것은 고급 식당의 (음식)이고, 고급호텔에만 머물렀다.

「吃的是····」, 「住的是····」, 「玩的是····」, 「进的是····」는 각각 '먹은 것은 ~이다', '산 곳은 ~이다', '논 것은 ~이다', '들어간 곳은 ~이다'의 뜻이다.

20 想法不同

法官: "在你行窃时, 你怎么不为你的妻子和女儿着

想呢?"

被告: "法官大人, 想是想了, 可惜的是这家商店里只

卖男人们的衣服。"

1) 想法 xiǎngfǎ: 생각.

2) 法官 fǎguān: 법관.

3) 行窃 xíng qiè: 훔치다. 도둑질하다.

4) 为····着想 wèi zháoxiǎng: (사람을 위해)~생각하다. 고려하다.

5) 被告 bèigào: 피고.

6) 想是想了···· xiǎng shì xiǎng le: 생각이야 했다만~.

7) 可惜 kěxī: 애석해하다. 아까워하다.

你怎么不为你的妻子和女儿着想呢?

당신은 왜 당신의 부인과 딸을 생각하지 않았어요?

「怎么」는 성질, 상황, 방식, 원인 등을 묻는 것으로 쓰이며, 「怎么不····呢?」 구문은 반어문으로 '왜 그렇게 하지 않습니까?', '그렇게 하면 될 텐데'라는 말을 하기 위해 부정형을 써서 긍정을 강조한다.

● **반어문 형식**은 의문문이지만 대답을 요하지 않으며, 이는 하나의 명확한 사실에 대해 긍정이나 부정의 반문(反问 되물어보다) 어기를 가함으로써 어감을 강하게 한다. 부정형을 쓰면 긍정적인 표현을 강하게 하고, 긍정형을 쓰면 부정을 강하게 하는 의미를 지니며, 반어문은 화자의 불만, 책망, 변명 등의 의감을 내기도 한다.

● 「怎么」와 「什么」의 차이점

① 사물을 물을 때는 「什么」를 쓰고, 동작의 방식을 물을 때는 「怎么」를 쓴다.

「동사＋什么」:

下一步我们该做什么? 다음에는 우리가 무었을 해야 하죠?

「怎么＋동사」:

下一步我们该怎么做? 다음에는 우리가 어떻게 해야 하죠?

② 「怎么」와 「什么」는 의문문이 아닌 문장에도 쓰일 수 있으며 이러한 경우에도 이 둘의 차이점은 「什么」는 사물을 대신하고 「怎么」는 동작의 방식을 대신한다.

예 随便你吃什么。 뭘 먹든 네 마음대로 해.

随便你怎么吃。 어떻게 먹든 네 마음대로 해.

「为····着想」에서 「为」는 동작의 대상을 제시하는데, 「为」가 이끄는 대상은 동작의 수혜를 받는 자이다. 「着」은 「zháo」로 읽고, 「着想」은 '염두에 두다', '생각하다', '걱정하다'의 뜻으로 쓰인다. 따라서 「为＋사람＋着想」구조로 쓰여 '누구를 염려하여', '누구를 염두에 두다'의 뜻이다.

想是想了，可惜的是这家商店里只有男人们的衣服。
생각이야 했지만 애석하게도 그 상점에는 남성복만 있었어요.

「A是A了, (可是)····」 용법으로 A자리에는 동사가 들어가 'A하기는 A하다'라고 해석된다. 「想是想了，可惜的是····」 구문은 '생각은 했으나 아쉬운 것은 ～'의 뜻이다.

> **예** 去是去了，可是没见到他。　가기는 갔지만 그러나 그를 만나지 못했다.
> 买是买了，但是买错了。　사기는 샀지만 잘못 샀다.
> 看是看了，但是想不起来。　봤기는 봤는데 생각이 안 난다.

第 2 单元

多此一举

两个朋友一起去打猎。 走在丛林里，其中一个朋友忽然举枪往天上射击，接着一只野鸭应声落地。 另一个朋友说："真是好枪法，不过这一枪完全是多余的。 它从那么高的地方掉下来，摔也摔死了。"

1) 打猎 dǎliè: 사냥하다.

2) 多此一举 duō cǐ yì jǔ: 필요 이상의 짓을 하다.

3) 丛林 cónglín: 숲.

4) 忽然 hūrán: 갑자기.

5) 枪 qiāng: 총. (양사)한 방.

6) 射击 shèjī: 쏘다. 사격하다.

7) 野鸭 yěyā: 물오리.

8) 应声落地 yìngshēng luòdì: 소리에 맞추어 땅에 떨어지다.

9) 完全 wánquán: 완전. 완전히.

10) 多余 duōyú: 여분의. 나머지의.

11) 掉下来 diàoxiàlai: 떨어지다.

12) 摔死 shuāisǐ: 떨어져 죽다. 넘어져 죽다.

其中一个朋友忽然举枪往天上射击。

그 중 한 친구가 갑자기 총을 들어 하늘을 향해 사격을 했다.

「其中」은 '그 가운데', '그 중에'라는 뜻이며 「其中一个朋友」는 '그 중에 한 친구'의 뜻이다.

「忽然」은 '갑자기', '홀연', '별안간', '돌연', '문득'이라는 뜻으로, 어떤 사건이 빠르게 발생하였음을 나타낸다. 특히 「忽然」은 동작이나 상태의 변화가 예상치 못한 것임을 강조한다.

接着一只野鸭应声落地。

바로 물오리 한 마리가 소리와 함께 땅에 떨어졌다.

「接着」 연속관계와 순서를 나타내는 접속사로 '이어서 ～하다'의 뜻이다.

> **예** 接着你来发言。 이어서 당신이 발언하세요.

「应声落地」는 성어로 「应声」은 '소리에 응하여', '소리와 동시에'의 뜻이며, 「落地」는 '땅에 떨어지다. 따라서 「应声落地」는 '소리와 동시에 바로 땅에 떨어지다'의 뜻이다.

真是好枪法，不过这一枪完全是多余的。

정말 좋은 총 솜씨이군. 그러나 이 총 한 발은 완전히 불필요했다.

「真」은 '확실히'라는 뜻으로 긍정의 어기를 강하게 한다. 「枪法」은 '총 쏘는 방법'이라는 뜻이다. 따라서 「真是(个)好枪法」은 '정말 좋은 총 솜씨'라는 뜻으로 해석된다.

「不过」는 전환관계를 나타내는 접속사로 '그러나'의 뜻이며, 같은 뜻의 「可是」, 「但是」 등을 써도 된다.

从那么高的地方掉下来，摔也摔死了。

저렇게 높은 곳에서 떨어지면, 떨어져서도 죽었을 것이다.

「从」은 전치사로서 '~에서부터'의 뜻을 나타내고, 시간과 장소의 출발점을 뜻한다. 「掉」 '떨어지다'와 방향보어인 「下来」를 합하면 '(위에서 아래로) 떨어지다'의 뜻이다. 따라서 「从‥‥掉下来」는 '~곳에서 떨어지다'의 뜻이 된다.

「A也/都A了」은 A에 같은 동사를 넣어 '벌써 ~하고도 남았다'라는 상용 표현으로 쓰인다. 여기서 「摔也摔死了」는 '떨어져 죽었어도 이미 죽었겠다'라는 뜻으로 해석한다.

22 改名字

小豪十六岁了， 他决定离开家去当一个滑稽演员。他的爸爸气坏了， 要阻止他， 说："让我的儿子去演戏，要作些怪里怪气的动作，真丢脸! 邻居们知道了，会怎么想。" 小豪主动地提出办法，说："我不会让你丢脸的，我会改名字。" "改名字!" 他爸爸喊叫着："这样更不行，如果你出了名怎么办? 怎么让邻居们知道你就是我的儿子呢!"

1) 改 gǎi: 고치다.
2) 当···· dāng: ～(직책)을 맡아 하다. ～가 되다.
3) 滑稽演员 huájī yǎnyuán: 희극배우. 코미디언.

4) 气坏了 qì huài le: 매우 화가 나다.

5) 阻止 zǔzhǐ: 저지하다.

6) 演戏 yǎnxì: 연기하다.

7) 怪里怪气 guàili guàiqì: 괴상하다. 이상야릇하다.

8) 动作 dòngzuò: 동작.

9) 丢脸 diūliǎn: 체면이 깎이다. 창피를 당하다.

10) 主动 zhǔdòng: 주동하다. 주동적으로.

让我的儿子去演戏, 要作些怪里怪气的动作, 真丢脸!

아들을 연기하러 보내어 요상하고 기괴한 동작이나 하게 하다니, 정말 창피하다.

「作(出)‥‥的动作」은 '~동작을 만들어 내다'의 뜻이다.
「怪里怪气」는 「‥‥里‥‥气」의 구조로, 2음절 형용사의 중첩 형태는
「AB」→「A里AB」로 이루어졌으며, '괴상하다', '요상하다'의 뜻이다.

예　土里土气 촌스럽다.

　　傻里傻气 어리어리하다.

「丢脸」은 직역을 하면 '얼굴을 잃어버리다'이나, 일상적으로 많이 쓰이는 관용
어로 '체면이나 명예가 훼손되다'의 의미로 바로 '창피하다', '체면이 상하다'의
뜻이다. 「丢面子」, 「丢人」과도 같은 뜻이다.

邻居们知道了, 会怎么想?

이웃 사람들이 알게 되면 어떻게 생각하겠어?

「会」는 가능을 나타내며 '~할 수 있다', '~할 가능성이 있다'라는 뜻이다.
「会怎么想(呢)?」는 어미에 「呢」를 붙여 '어떻게 생각하겠어?'의 뜻이다.

● 「会」와 「能」의 차이점

「能」은 객관적으로 어떤 일을 할 수 있는 조건이 있거나, 객관적으로 그럴 가능성이 있다는 것을 강조한다.

「会」는 다른 사람에게 어떤 가능성을 알려 주거나 어떤 가능성을 예측할 때 쓰인다. 또한 객관적인 조건은 강조하지 않으며, 「会」 앞에 동작의 주체가 있을 때 동작 주체자의 주관적인 바람을 나타낸다.

① 天这么黑了, 她能来吗? (○)

날이 이렇게 어두워졌는데 그녀가 올 수 있을까?

② 天这么黑了, 她会来吗? (○)

날이 이렇게 어두워졌는데 그녀가 올까?

예문 ①과 ②는 모두 그가 올 수 있는지 없는지 그 가능성을 묻는 것으로, 이때는 「能」과 「会」 모두 써도 된다.

③ 那儿的物价很便宜, 100块能买到不少东西。 (○)

그곳의 물가는 싸서, 100원으로 많은 물건을 살 수 있다.

④ 那儿的物价很便宜, 100块会买到不少东西。 (×)

예문 ③과 ④에서 100위안을 가지고 있다고 해서 사고자 하는 것을 다 살 수 있는 것은 아니다. 물건이 아주 싸다는 객관적인 조건이 충족되어야 그럴 가능성이 있는 것이다. 그러므로 「能」만 가능하다.

⑤ 他喜欢帮助别人, 会帮你这个忙的。

그는 사람 돕는 것을 좋아하니, 너를 도와줄 수 있을 것이다.

⑥ 他有很多时间, 能帮你这个忙。

예문 ⑤에서 그가 흔쾌히 도와줄 거라는 예측을 하고 있기 때문에 「会」가 더 적합하다. ⑥에서 '시간이 많다'는 객관적인 조건이 있기에 「能」을 써서 도울 수 있다는 가능을 나타낸다.

这样更不行，如果你出了名怎么办?

그건 더 안 된다. 만약 네가 무명해지면 어떻게 해?

「更」은 비교급에서 두 사물 간의 비교에 사용되고, '〜보다 더〜하다'의 뜻이다.
「不行」은 가능성을 묻는 말에 부정으로 대답할 때 쓰이며, 단독으로만 쓸 수
있지 「不行」 뒤에 목적어를 둘 수 없다.

> **예** 不行, 我不能借给你。　안 돼, 나는 너에게 빌려 줄 수 없다. (○)
>
> 我不行借给你。　(×)

「如果」는 '만약 〜하면'의 뜻으로 가정 관계를 나타내는 접속사다.
「出名」은 「동사＋목적어」 구조로 된 동사이며, 동태조사 「了」를 동빈 구조 사
이에 넣어 「出了名」 '이름이 났다'라고 표현한다.

23 好消息和坏消息

医生对躺在病床上的一位患者说："我给你带来了好消息和坏消息，先说哪一个?" 那个病人说："医生，先说坏消息吧，我能忍着。" 医生说："先告诉你一个不好的消息，我们错截了你的那条好腿。 现在我再来告诉你一个好消息， 我们发现你那剩下的一条腿没必要截除了。"

1) 消息 xiāoxi: 소식.

2) 坏 huài: 나쁘다.

3) 忍 rěn: 참다.

4) 错截 cuò jié: 잘못 자르다.

5) 没必要···· méi bìyào: ～할 필요성이 없다.

6) 截除 jié chú: 절단해 버리다.

我能忍着。

나는 참을 수 있다.

「忍着」 '참다'의 진행 상태로 '참고 있다'의 뜻이며, 능원동사를 넣어서 「能忍着」는 '참을 수 있다'의 뜻으로 해석된다.

> **예** 忍着点儿, 马上好。 좀 참아라, 곧 된다.

先告诉你一个不好的消息, 再来告诉你一个好消息。

먼저 안 좋은 소식을 당신에게 알려 주고 이제 좋은 소식 하나를 알려 주겠습니다.

「先····, 再来····」는 순서에 의해 출현하는 동작이나 상황을 나타낸다. '먼저~을 하고 그 후에 ~을 하다'의 뜻이다. 유사한 표현으로는 「先····, 然后····」, 「先····, 再····, 然后····, 最后····」 등이 있다.

> **예** 先买蔬菜, 再来买水果。 먼저 채소를 사고 그다음에 과일은 산다.

我们发现你那剩下的一条腿没必要截除了。

우리는 당신의 남은 다리 하나가 자를 필요가 없다는 것을 알게 되었습니다.

「发现····」 '~을 발견하다', '알게 되다'의 뜻으로 쓰인다.
「剩下」에서 「下」는 「剩」 '남다'의 결과보어로 쓰여 '남겨지다'의 뜻이며 「剩

下的····」은 '남은 ～'의 뜻이다.
「没必要」는 뒤에 동사를 수반하여 '반드시 해야 하는 것은 아니다', '할 필요
가 없다'의 뜻으로 쓰인다.

24　只是想证实一下

在剧场里，　演出正在进行着。这时一位观众站起来沿着一排座位走出来，来到剧场的休息厅，为的是抽一根烟。　几分钟之后，他要回座来了。　他问坐在这一排最头儿上的一位观众："对不起，我刚才出去时是不是踩了您的脚?""是的。　可是没关系，根本没有踩痛。""不是那个意思，我只是想证实一下，这是不是我坐的那一排。"

1) 证实 zhèngshí: 확인하다.

2) 排 pái: 줄.

3) 座位 zuòwèi: 좌석.

4) 剧场 jùchǎng: 극장.

5) 演出 yǎnchū: 공연하다.

6) 休息厅 xiūxi tīng: 휴게실.

7) 为的是···· wèideshì: ～하기 위해.

8) 抽烟 chōuyān: 담배를 피우다.

9) 一根 yì gēn: (담배)한 대.

10) 最头儿 zuì tóur: 가장 앞머리.

11) 踩了脚 cǎi le jiǎo: 발을 밟다.

12) 踩痛 cǎi tòng: 밟아서 아프게 되다.

13) 意思 yìsi: 의사. 뜻.

一位观众站起来沿着一排座位走出来，····为的是抽一根烟。

한 관중이 일어나 좌석 줄을 따라 걸어 나와 ····담배 한 개비를 피기 위함이
었다.

「起来」는 동사 뒤에서 동작의 방향을 나타내는 방향보어며, 원래의 의미는 '낮
은 곳에서 높은 곳으로 향하다'는 의미를 나타낸다. 따라서 「站起来」는 '일어
서다'의 뜻이다.

「沿着＋장소＋동사」의 구조로 '～를 따라서 이동하다'의 뜻이다.

「出来」는 안에서 밖으로 이동하는 의미를 나타내는 방향보어로 「走出来」는
'걸어 나오다'의 뜻이다. 여기서 「沿着＋장소＋走出来」는 '～를 따라 걸어 나
오다'의 뜻이다.

「결과＋为的是＋이유/목적」과 「결과＋是为了＋이유/목적」은 모두 '～때문이

다’, ‘~를 위해서다’라는 뜻이며, 모두 목적을 표시하는 데 쓰인다. 따라서 그 사람이 한 행동은 「为的是抽一根烟」 ‘담배 한 개비를 피우기 위해서이다’의 뜻으로 해석된다.

● 전치사 「沿着」의 용법
「沿着 + 노선」 ‘~를 따라서’: 구체적이거나, 추상적인 노선을 의미한다.
「顺着 + 노선」 ‘~를 따라서’: 구체적인 노선을 의미한다.
「朝着 + 노선」 ‘~방향을 향하다’의 의미이다.
「跟着 + 사람/행동」 ‘~와 함께’, ‘~를 따르다’의 의미이다.
「随着 + 변화/발전」 ‘~를 따라서’, ‘~하게 됨에 따라’의 의미로 쓰인다.

> 예　我们沿着海岸线走。　우리는 해안선을 따라 걷는다.

没关系, 根本没有踩痛。

괜찮습니다. 전혀 아프게 밟지 않았어요.

「没关系」는 상용표현으로 ‘괜찮습니다’, ‘상관없습니다’의 뜻이다.
「根本」은 ‘처음부터 끝까지’, ‘전혀’, ‘아예’라는 뜻을 나타낸다. 「根本」은 전제한 것이 틀렸거나, 근본적으로 그러한 상황이 없었음을 나타내므로 뒤에 주로 부정형 「不」나 「没」과 호응하여 쓴다.

> 예　A: 你什么时候结婚?
>
> 　언제 결혼해요?
>
> 　B: 什么? 结什么婚? 我根本没有女朋友。
>
> 　뭐라고요? 무슨 결혼을 해요? 나는 아예 여자 친구도 없는데.

我只是想证实一下这是不是我坐的那一排。

나는 단지 여기가 내가 앉았던 그 줄인지를 확인 좀 해 보려는 것이다.

「只是」는 ‘단지’, ‘다만’의 뜻이고, 「想」은 ‘~하고 싶어 하다’, ‘~할 작정이다'라는 의미의 조동사이다. 「一下」는 '한번', '조금'의 의미로 동사 뒤에 보어로 쓰여 시간적으로 짧거나 어떤 동작을 시도해 본다는 것을 나타낸다. 따라서 「只是想证实一下」는 '단지 확인 한번 해 보려 한 것이다'의 의미이다.

对不起, ····不是那个意思。
죄송하지만 ····그 뜻이 아닙니다.

「对不起」는 '미안합니다', '죄송합니다.'의 뜻으로 쓰이는 고정된 표현이다. 「对不起」 하면 상대방은 「没关系」 '괜찮습니다.'라고 하며 응한다.
「意思」는 말의 '뜻', 생각의 '의사'라는 의미로, 내가 한 말이 잘못 전달되어 '그 뜻이 아니다', '잘못 말했다'라고 할 때 「我说的不是那个意思」라고 표현하면 되고, 그 말 뒤에 덧붙여서 「别误解」 '오해하지마', 「别生气」 '화내지 마' 또는 「我说错了」 '내가 잘못 말했다'라고 하면 된다.

25 征婚启事

妻子："结婚半年多了，怎么不见你搞文学创作？"

丈夫："我哪有那个天分啊！"

妻子："结婚前，你在'征婚启事'上不是写了'在报上

发表过作品'吗？"

丈夫："我指的就是那份'征婚启事'。"

1) 征婚启事 zhēnghūn qǐshì: 구혼자 광고.

2) 搞 gǎo: (일)하다. 만들다.

3) 文学创作 wénxué chuàngzuò: 문학창작.

4) 发表 fābiǎo: 발표하다.

5) 天分 tiānfèn: 천재성. 천부적인 능력.

6) 指 zhǐ: 가리키다. 지칭하다.

怎么不见你搞文学创作?

어찌 당신이 문학창작을 하는 것을 볼 수 없어요?

「搞」는 '종사하다', '일 하다'의 뜻이다.

● 「搞」의 의미:

① 동사로 '종사하다', '처리하다'의 뜻이다.

> **예** 这件事不好搞。　이 일은 하기 어렵다.
>
> 你要把问题搞清楚。　너는 문제를 분명히 파악해야 한다.
>
> 你有没有搞错？　너 잘못 알고 있는 것 아냐?

② 여러 가지 동사가 가진 의미를 대체할 수 있는데, 목적어가 어떤 것인가에 따라 그 의미도 달라진다.

> **예** 搞对象。　결혼 상대를 찾다. ─「搞」는「找 찾다」의 뜻.
>
> 搞关系。　관계를 맺다. ─「搞」는「处理 처리하다」의 뜻.
>
> 搞总务。　총무 업무를 맡다. ─「搞」는「当 맡다」의 뜻.
>
> 搞科学工作。　과학 업무에 종사하다. ─「搞」는「从事 종사하다」의 뜻.
>
> 不准搞体育活动。　체육 활동을 하는 것을 불허한다.
>
> ─「搞」는「进行 진행하다」의 뜻.

「怎么不见····?」은 반어문으로 '왜 ～이 보이지 않습니까?'라는 뜻이며, '마땅히 보여야 한다'라는 것을 강조하고 있다.

我哪有那个天分啊!

내가 어디 그런 능력이 있겠어!

「哪」는 '어디'라는 뜻이나 반문의 어기를 강조할 때 「哪有⋯⋯啊!」로 구성하여 '그런 것이 어디에 있어?', 즉 '그런 것은 없다'를 강조하는 반문 형식이다.

예 哪有这样的事？ 어찌 이런 일이 있느냐?

你哪知道他来不来？ 그가 오는지 안 오는지 네가 어찌 아느냐?

哪能这样呢？ 어찌 이럴 수 있느냐?

别疏忽健康

父亲在看他那满怀希望的儿子带回来的学校成绩单。 他边看边露出愤怒的表情说:"英语,差;法语,差;数学,中。"他厌恶地瞥了在发抖的儿子一眼。"爸爸,"儿子说:"可能成绩不够理想,但您看到那一项了吗?"他指了指下一行:"健康状况,优。"

1) 别 bié: 하지 마라.

2) 疏忽 shūhū: 소홀히 하다. 부주의하다.

3) 健康 jiànkāng: 건강.

4) 满怀希望 mǎnhuái xīwàng: 희망을 가득 품다.

5) 带回来 dàihuílai: 가지고 돌아오다.

6) 成绩单 chéngjī dān: 성적표.

7) 边····边···· biān biān: ~하면서 동시에 ~하다.

8) 露出····表情 lùchū biǎoqíng: ～표정을 나타내다.

9) 愤怒 fènnù: 분노하다.

10) 英语 yīngyǔ: 영어.

11) 差 chà: 표준에 못 미치다. 나쁘다.

12) 法语 fǎyǔ: 불어.

13) 数学 shùxué: 수학.

14) 厌恶 yànwù: 싫어하다. 혐오하다.

15) 瞥了····一眼 piē le yì yǎn: 힐끗 한번 쳐다보다.

16) 发抖 fādǒu: 떨다.

17) 可能 kěnéng: 어쩌면.

18) 不够 bú gòu: 부족하다. 충분하지 못하다.

19) 理想 lǐxiǎng: 이상적이다.

20) 一项 yí xiàng: 한 항목.

21) 下一行 xià yī háng: 다음 줄.

22) 状况 zhuàngkuàng: 상황.

23) 优 yōu: 우수하다.

他边看边露出愤怒的表情。

그는 보면서 동시에 분노하는 얼굴색을 나타냈다.

「(一)边····(一)边····」은 '(한편으로)～하면서 ～하다'의 뜻으로 쓰이는 접속사이다. 주어가 같으면 「一」을 생략할 수 있다. 「边看边露出····」은 「一」을 생략한 경우로 '보면서 동시 ～을 드러내 보이다'의 뜻이다.

● 「一边…一边…」의 의미:

① 두 가지 이상의 동작이 동시에 진행됨을 나타낸다.

예 他一边吃饭, 一边看电视。　그는 밥을 먹으면서 텔레비전을 본다.

② 두 가지 이상의 행동이 일정 시간 동안 반복적으로 교대로 출현하거나, 동시에 존재함을 나타낸다.

예 大平一边读书, 一边打工。　따핑은 일하면서 공부한다.

他厌恶地瞥了在发抖的儿子一眼。

그는 혐오스러워하며 떨고 있는 아들을 째려봤다.

「眼(睛)」은 '눈'이라는 명사이나 「一眼」은 차용양사로 명사가 양사의 작용을 하는 것을 말한다. 따라서 「瞥了‥‥一眼」은 '(눈으로) 한번 째려보다'의 뜻이다.

예 回头看了我一眼。　고개를 돌려 나를 한번 봤다.
　　出了一身汗。　온몸에 땀이 흘렀다.(身 몸)
　　喝了一杯水。　물 한 잔을 마셨다.(杯 컵, 잔)

可能成绩不够理想。

어쩌면 성적이 이상적이지는 못할 것이다.

「可能」은 '아마도', '어쩌면'의 뜻을 가진 부사로 상황에 대한 예측을 나타낸다. 「够」는 동사로서 '충분하다', '넉넉하다'의 뜻이고, 「不」를 앞에 두면 정도가 낮음을 나타낸다. 따라서 「不够理想」은 이상적인 정도까지 도달하기에는 아직 부족하다는 의미로 '이상적이지는 못하다'는 뜻으로 해석된다.

예 不够满意。　족히 만족하지 않는다.

27 蚯蚓不够用

老师：“同学，你为什么上课迟到了？”

学生：“本来我是想去钓鱼的，但后来爸爸不让我去了。”

老师：“他做得对，他一定告诉你应该来上课，上课的
时间不应该去钓鱼。”

学生摇摇头说：“不，他说，他的蚯蚓太少了，不够我们
两个人一起用。”

1) 迟到 chídào: 지각하다.

2) 本来 běnlái: 원래.

3) 蚯蚓 qiūyǐn: 지렁이.

4) 不够····用 bú gòu yòng: ～ 쓰기에 부족하다.

本来我是想去钓鱼的，但后来爸爸不让我去了。

원래 저는 낚시를 하러 갈려고 했는데, 나중에 아버지가 가지 못하게 했어요.

「本来」는 '원래'라는 뜻을 나타낸다. 「原来」와 그 뜻이 비슷하여 혼동하기 쉽다.

● 「本来」와 「原来」의 비교

① 「本来」와 「原来」는 이전의 어떤 한 시기에는 그랬으나, 현재는 이미 그렇지 않음을 나타낸다는 공통점을 가지고 있다.

② 「本来」는 '이치상 마땅히 이렇게 해야 한다'라는 뜻을 나타내는데 「原来」는 그렇지 않다.

③ 「原来」는 이전의 상황에 대해 알게 되었거나, 문득 깨우치게 되었음을 나타내는데 「本来」는 그렇지 않다.

「后来」는 '그 후에', '나중에'라는 뜻을 나타내는 시간사며, '~하고 나서'라는 뜻으로 복문에도 쓰인다. 과거의 어떤 시간 이후의 시간을 가리키고, 시간의 전후 순서를 강조하며, 과거에 이미 발생한 일에만 쓰인다.

他做得对。

그는 잘했다.

「做得对」는 동사에 정도보어를 추가한 문형으로 '올바르게 했다'의 뜻이며, 반대 형은 「做得不对」로 '잘못했다'의 뜻이다. 결과보어를 써서 「做对了」'잘했다', 「做错了」'틀렸다'라고 표현해도 된다.

他的蚯蚓太少了, 不够我们两个人一起用。
그의 지렁이가 너무 적어 우리 두 사람이 함께 쓰기에 충분하지 못하다.

「够用」은 '쓰기에 충분하다'의 뜻이며, 「不够……用」은 '~ 쓰기에 부족하다'
의 의미로 쓰인다.

28 不幸中的大幸

某商店被强盗偷了。 第二天，店主对来查案的警察说明情况，然后说："感谢上帝，幸好强盗不是前天晚上而是昨天晚上来的。" 警察问："前天跟昨天有什么不同?" 店主说："昨天早上开始，我把全部商品都降到半价，要是前天晚上，我的损失可大了。"

1) 不幸 bú xìng: 불행.

2) ····中 zhōng: ～가운데.

3) 大幸 dàxìng: 큰 행운, 다행.

4) 商店 shāngdiàn: 상점.

5) 强盗 qiángdào: 강도

6) 第二天 dì èr tiān: 둘째 날. 그다음 날

7) 店主 diànzhǔ: 가게주인.

8) 查案 cháàn: 사건을 조사하다.

9) 警察 jǐngchá: 경찰.

10) 说明 shuōmíng: 설명하다.

11) 情况 qíngkuàng: 상황.

12) 幸好 xìnghǎo: 다행히.

13) 不是···· 而是··· bú shì ér shì: ～이 아니라 ～(오히려)이다.

14) ····开始 kāishǐ: ～부터.

15) 全部 quánbù: 전부.

16) 商品 shāngpǐn: 상품.

17) 降(价) jiàngjià: 가격이 내리다.

18) 半价 bànjià: 반값.

19) 损失 sǔnshī: 손실.

感谢上帝。
하느님 감사합니다.

「感谢上帝」는 '하느님 감사합니다.'의 뜻이며, 유사한 표현으로 「谢天谢地」 '천지신명께 감사합니다.'라고 하는 말도 있고, 또 놀라거나 뜻밖의 일을 당했을 때는 「天啊!」 '하느님 맙소사!'라는 표현도 있다.

幸好强盗不是前天晚上, 而是昨天晚上来的。
다행히 도둑이 그제 저녁에 오지 않고 어제 저녁에 왔다.

「不是···· 而是」는 '～가 아니라, ～이다'의 뜻으로 서로 대립적이거나 상반되는 두 가지 내용을 연결하여, 선행절에서는 한 가지 사실을 부정하고, 후속 절에서는 긍정 형으로 설명하며 사실을 강조한다.

예 你这么做不是帮他，而是害他。

네가 이렇게 한 것은 그를 돕는 것이 아니라 오히려 그를 해치는 것이다.

我把全部商品都降到半价。

내가 모든 상품을 반값으로 내렸다.

「降」은 동사로 '떨어지다', '내리다'의 뜻이며, 「到」는 동사 뒤에 사용하는 결과보어로 목적에 이르렀거나 어떤 결과를 얻었음을 나타낸다. 따라서 「降到半价」는 '반가로 내렸다'의 뜻으로 해석한다.

要是前天晚上，我的损失可大了。

만약 그제 저녁이었다면 내 손실이 컸을 것이다.

「要是‥‥(的话)」는 가정을 나타내는 복문에 사용하며, '만일 ～라면', '만약 ～하면'의 뜻이다. 「的话」는 생략해도 되며, 구두어로 많이 쓰인다.

예 要是你有兴趣的话，我们一起去吧。

만약 네가 흥미를 갖고 있다면 우리 함께 가자.

「可」는 '그야말로'의 뜻으로 상황을 강조한다.

예 他这人可好了。 이 사람은 매우 좋다.

那个人可坏了。 그 사람은 정말 나쁘다.

这个手表可贵了。 이 손목시계는 엄청 비싸다.

29 推销绝招

1) 推销 tuīxiāo: 판로를 확장하다.
2) 绝招 juézhāo: 뛰어난 재간.
3) 堆在····上 duī zài shang: ～에 쌓아 놓다.
4) 角落 jiǎoluò: 구석.
5) 动脑筋 dòng nǎojīn: 머리를 쓰다.

6) 报纸 bàozhǐ: 신문.

7) 登广告 dēng guǎnggào: 광고를 싣다.

8) 不料 búliào: 예상하지 못했다.

9) 抢购 qiǎnggòu: 다투어 구매하다.

10) 未婚 wèihūn: 미혼.

11) 英俊有为 yīngjùn yǒuwéi: (남자) 멋있고 유능하다.

12) 描写 miáoxiě: 묘사하다.

13) 主人公 zhǔréngōng: 주인공.

一直堆在书店的一个角落上。

계속 서점의 한 구석에 쌓여 있었다.

「一直」는 '곧장', '곧바로', '줄곧'이라는 뜻의 부사로 동작이 계속되거나 상태가 지속됨을 나타낸다.

> 예 我们一直讨论到深夜。 우리는 깊은 밤까지 계속 토론을 했다.

作家动了脑筋，在报纸上登了一个广告，不料一天内便被未婚少女全部都抢购了。

작가는 머리를 굴려 신문에 광고 하나를 실었는데, 예상치 못하게 하루 만에 미혼 아가씨들에 의해 앞다투어 모두 구매해 버렸다.

「动脑筋」에서 「脑筋」은 '뇌', '머리'라는 뜻이고 「脑子」라고 해도 된다. 「动」은 「脑筋」과 짝을 이루어 함께 쓰는 동사로 '머리를 움직이다' 바로 '머리를 쓰다', '머리를 굴리다'의 뜻이다.

「登广告」는 「广告 광고」'라는 명사와 짝을 이루는 동사 「登」을 써서 '광고를
싣다'라는 뜻이다.

「不料」는 접속사로서 '뜻밖에', '의외로', '예상 밖으로'의 의미를 가지며, 뒤
구절의 시작에 쓰여 전환을 표시하고 「竟」, 「倒」, 「却」, 「还」 등과 자주 호응
한다.

> **예** 本来打算去爬山，不料突然下起了大雪。
>
> 원래 등산하러 갈 계획이었는데, 뜻밖에 갑자기 큰 눈이 내리기 시작했다.

30 我在等那个球

有一个人吞下了一只高尔夫球。　医生为他动手术，想办法把球从他的喉咙里取出来。　手术场面非常紧张。　有一个人在候诊室焦急地等着，护士就安慰他说："你大概是他的父亲吧! 请放心，马上就好。" 那个人说："我不是他的爸爸，而是在等那个球，还要拿回去継续比赛呢。"

1) 吞下 tūnxià: 삼켜 버리다.
2) 高尔夫球 gāoěrfū qiú: 골프공.
3) 想办法 xiǎng bànfǎ: 방법을 강구하다.
4) 喉咙 hóulóng: 목구멍.

5) 取出来 qǔchūlai: 꺼내다. 빼내다.

6) 场面 chǎngmiàn: 장면.

7) 候诊室 hòuzhěn shì: 진료 대기실.

8) 焦急 jiāojí: 초조해하다.

9) 大概 dàgài: 아마도. 대강.

10) 継续 jìxù: 계속.

医生为他动手术, 想办法把球从他的喉咙里取出来。

의사가 그를 위해 수술을 하여 그의 목구멍에서 공을 빼내려 방법을 강구하고 있었다.

「为」는 동작의 대상을 제시하는데, 「为」가 이끄는 대상은 동작의 수혜를 받는 자이다. 「为他动手术」은 '그를 위해 수술을 집도하다', 즉 '그에게 수술을 해 주다'의 뜻이다.

「想办法」은 '방법을 생각하다', '방법을 강구하다', 더러는 '안간힘을 쓰다'의 뜻으로도 쓰인다.

「从＋장소＋里」구에서 「从」은 전치사로서 장소 앞에 붙여 '～에서부터'의 뜻을 나타내며, 「从＋장소＋里取出来」는 '～ 속으로부터 꺼내다'의 뜻이다.

请放心, 马上就好。

안심하세요. 곧 좋아집니다.

「请放心」은 일상적으로 자주 쓰이는 상용표현으로 '안심하세요', '마음 놓으세요'의 뜻이며, 유사표현으로는 「别担心」 '걱정하지 마세요'가 있다.

「马上」은 '곧', '즉시'라는 의미로 어떤 상황이 머지않아 곧 발생할 것임을 나타내며, 시간이 아주 짧음을 강조한다. 따라서 「马上就好」는 '바로 좋아지다', '곧 된다.'의 뜻으로 상대방을 안심시키는 표현이다.

● 「马上」과 「立刻」의 차이점

① 这件事我马上就去办! 이 일은 내가 바로 가서 처리하겠다.

② 冬天过去了, 春天马上就到了。 겨울이 갔으니 곧 봄이 올 것이다.

③ 派两个人, 立刻把他找来。 사람 둘을 보내어, 얼른 그를 찾아와라!

④ 听到敲门声, 他立刻跑过去开门。

　　문 두드리는 소리를 듣고, 그는 바로 뛰어가서 문을 열었다.

예문을 보면 「立刻」은 어떤 상황이 머지않아 곧 발생할 것임을 나타내며 그 상황이 발생하기까지의 시간이 굉장히 짧음을 나타낸다.

그러나 「马上」이 강조하는 시간은 상대적인 것이어서 경우에 따라 화자가 생각하기에 시간이 아주 짧은 것일 뿐 실제로는 결코 짧은 시간이 아닐 수도 있다.

反正赔不起

一个穷苦的小说家和他的房东订契约。　房东在契约上写明，假如小说家不慎引起火灾烧了房子，必须赔偿十万元。　小说家看了契约，不仅未表示异议，而且还提笔在'100,000元'后面又加上一个'0'字。　"怎么，一百万元?"房东惊喜地喊道。"是的，"小说家不动声色地回答，"反正一样赔不起。"

1) 反正 fǎnzhèng: 어쨌든. 아무튼.

2) 一样 yíyàng: 같다. 마찬가지다.

3) 赔不起 péi bu qǐ: 배상할 수 없다.

4) 穷苦 qióngkǔ: 가난하다.

5) 小说家 xiǎoshuō jiā: 소설가.

6) 房东 fángdōng: 집 주인.

7) 订契约 dìng qìyāo: 계약을 맺다.

8) 在····上写明 zài shang xiě míng: ～에 분명히 썼다.

9) 假如···· jiǎrú: 만약.

10) 不慎 bú shèn: 신중하지 못하다.

11) 引起火灾 yǐnqǐ huǒzāi: 화재를 내다.

12) 烧了房子 shāo le fángzi: 집을 태우다.

13) 必须 bìxū: 반드시.

14) 赔偿 péicháng: 배상하다.

15) 表示异议 biǎoshì yìyì: 이의를 표하다.

16) 提笔 tíbǐ: 펜을 들다.

17) 在····后面 zài hòumian: ～뒤에.

18) 加上···· jiā shang: ～에 추가하다.

19) 惊喜 jīngxǐ: 놀라다.

20) 喊 hǎn: 외치다.

21) 不动声色 bú dòng shēngsè: 감정을 얼굴에 나타내지 않는다.

假如小说家不慎引起火灾烧了房子，必须赔偿十万元。

만약 소설가가 실수로 화재를 내어 집을 태웠을 경우 반드시 10만 원을 배상해야 한다.

「假如」는 '만약', '만일'의 뜻으로 가정문에 쓰이며, 일반적으로 뒤에 「那么」, 「就」, 「则」 등을 붙여 쓴다.

「引起火灾」에서 「引起」는 어떤 사건, 현상, 활동, 주의 등을 '끌다', '일으키다', '야기하다'의 뜻으로 쓰이며, 좋지 않은 사태를 포함한 주의와 흥미 등과 같은 '긍정적 현상을 초래하다'라는 의미를 지닌다. 따라서 「引起火灾」는 '화재를 일으키다'의 뜻으로 해석된다.

> **예** 这样做会引起反感。 이렇게 하면 반감을 일으킬 수 있다.

● 「引起」와 「造成」의 차이점

「造成」은 좋지 않은 사태 따위를 '발생시키다', '야기하다', '초래하다'의 뜻이 있지만, 「引起」는 좋지 않은 사태와 긍정적 현상을 다 포함하고 있다.

> **예** 一旦发生事故, 将造成严重损失。 일단 사고가 발생한다면 심각한 손실을 야기할 것이다.

● 「必须」와 「一定」의 차이점

주관적인 확답, 결심, 예측을 나타낼 때는 「一定」을 쓰고, 다른 사람에 대한 주관적인 요구나 객관적인 요구를 나타낼 때는 「一定」과 「必须」를 모두 쓸 수 있으며, 「一定要」와 뜻이 같다. 「必须」의 부정형은 「无须」, 「不须」, 「不必」이다.

● 「必须」와 「必需」의 차이점

「必须」는 부사로 '반드시', '꼭', '기필코 ~해야 한다'의 뜻으로 일의 이치나 도리상의 필요를 나타낸다. 명령문에서는 명령의 어기를 더욱 강하게 하는 역할을 하기도 한다.
「必需」는 「必＋需」 구조로 동사로서 '반드시 있어야 하다', '꼭 필요로 하다', '없어서는 안 되다'라는 의미이다.

> **예** 你帮我买必需的东西。
>
> 내가 꼭 필요로 하는 물건을 사는 것을 도와줘.
> 中韩辞典是学汉语的人所必需的。
> 중한사전은 중국어를 배우는 사람에게 반드시 필요한 책이다.

不仅未表示异议，而且还提笔在"100,000元"后面又加上一个"0"字。

이의를 표명하지 않을 뿐 아니라 펜을 들어 '100,000원' 뒤에 '0'을 하나 더 붙였다.

「不仅⋯⋯而且⋯⋯」는 진일보한 관계에 해당하는 접속사로 복문을 연결한다.
「不但(＝不仅/不仅仅/不仅仅是/非但/不光/不只)＋⋯⋯,

而且(＝也/还/并且)＋서술어」

긍정문으로 '～할 뿐만 아니라, 게다가 ～하다'의 뜻이다. 앞의 절에 대해 뒤의 절은 한층 더 자세히 보충하는 내용이 와서 '점점 더', '더욱더', '심지어'의 뜻을 포함한다.

> **예** 他不仅会说英语，而且说得很流利。
>
> 그는 영어를 할 줄 알 뿐만 아니라 게다가 유창하게 말한다.

「又」는 동작이 중복되어 발생하거나 계속된다는 의미를 나타낸다.

> **예** 他又唱了一首。 그는 또 한 곡을 불렀다.

● 「又」, 「再」, 「还」의 용법비교

「又」, 「再」, 「还」은 같은 의미를 지니므로 혼동하기 쉽다.

① 「又」는 '또', '다시', '더'의 뜻이며, 동일한 유형의 동작이나 상황이 중복하여 발생함을 나타낸다. 주로 이미 발생한 일에 쓰이며, 동사 뒤에 종종 「了」를 붙인다.

> **예** 他今天又没来。 그는 오늘 또 안 왔다.

我最近又看了一遍。 나는 최근에 또 한 번 봤다.

② 「再」는 '재차', '다시'의 의미로 동일한 동작이나 상황이 추가를 나타내며, 중복하여 발생한다는 의미를 내포하고 있으나, 주로 장차 중복 발생할 일에 쓰인다.

> **예** 失败一次，可以再试一次。 한 번 실패했지만, 다시 한 번 시도해

볼 수 있다.

③ 「还」은 '또', '더'의 뜻이며, 수량이 증가하거나 범위가 확대되는 것을 나타낸다.

> **예** 看了一遍还想看一遍。　한 번 보았지만 한 번 더 보고 싶다.

反正一样赔不起。

어차피 마찬가지로 배상할 수 없다.

「反正」은 '어쨌든', '아무튼', '어차피'의 뜻으로 어떤 상황에서도 결론이나 결과가 바뀌지 않거나, 상황은 다르지만 결과는 같음을 나타낸다.

① 不管你穿不穿, 反正我不穿。

　네가 입든 말든 어쨌든 난 안 입는다.

② 反正他不知道, 我们再多拿一个吧!

　어차피 그가 모를 테니, 우리 하나 더 가지자.

예문 ①에서 화자는 결과를 강조하고 있으며, 어찌 되었든 간에 그 결과는 같거나 변함이 없다는 것을 말한다. 예문 ②에서는 화자와 청자 모두가 결과가 변하지 않는다는 것을 알고 있기 때문에 화자는 결과를 강조하지 않고, 그 결과를 가지고 어떤 일을 할지 안 할지 결정하는 이유로 삼고 있다.

「赔不起」는 「동사＋得/不＋起」의 문장구조로, 가능보어인 「起」를 「赔」 '배상하다'의 가능 불가능의 의미로 쓰였다. 따라서 「赔不起」는 '배상할 능력이 없다'의 뜻이다.

● 가능보어 「起」의 여러 가지 의미:

① 재정 능력이 충분하다는 뜻을 나타낸다.

> **예** 价钱贵一点她也买得起。　값이 조금 비싸더라도 그녀도 살 수 있다.

② 능력상으로 할 수 있다는 뜻을 나타낸다.

> **예** 那件事我担得起。　그 일은 내가 감당할 수 있다.

③ 정신적으로 감당해 낼 수 있다고 하는 뜻을 나타낸다.

예 什么人我都对得起。

어떤 사람에게라도 나는 떳떳하게 대할 수 있다.

32　喝酒的好处

一个医生为了说明饮酒的坏处，　把两条小虫分别放进一个装着酒的瓶子和一个装着水的瓶子里。　放进酒瓶里的小虫很快就死了，　而放进水瓶里的那条还在挣扎着。　医生对周围的人说：“你们看，这就是饮酒的害处。”　这时，　人群中有一个酒徒大声喊道：“这就对了，喝酒人的肚子里是不会长虫子的!”

1) 坏处 huàichù: 결점. 나쁜 점.

2) 虫 chóng: 벌레.

3) 分别 fēnbié: 분별하다. 각각으로 나누다.

4) 装 zhuāng: (용기에) 담다. (차에) 싣다.

5) 瓶子 píngzi: 병.

6) 酒瓶 jiǔpíng: 술병.

7) 挣扎 zhēngzhá: 발버둥 치다.

8) 周围 zhōuwéi: 주위.

9) 害处 hàichù: 손해. 결점. 나쁜 점.

10) 人群 rénqún: 사람들의 무리.

11) 酒徒 jiǔtú: 술꾼.

12) 喊 hǎn: 외치다.

13) 长 zhǎng: 생기다. 자라다.

为了说明饮酒的坏处。

음주의 폐해에 대해 설명하기 위해.

「坏处」는 '나쁜 점', '폐해'라는 뜻이며, 「害处」와 뜻이 거의 같다. 반대어인 「好处」는 '좋은 점', '이득'이라는 뜻이다.

把两条小虫分别放进一个装着酒的瓶子和一个装着水的瓶子里。

벌레 두 마리를 각각 술이 담긴 병과 물이 담긴 병 속에 넣었다.

「分别」은 부사로 '각각', '따로따로'의 뜻이며, 각기 다른 대상에 전체가 해당되지 않음을 나타낸다.

예 老师和学生分别谈了自己的看法。

선생님과 학생은 각각 자신의 의견을 말했다.

这就对了。

바로 이거야.

「这就对了」는 자주 쓰이는 상용표현으로 직역을 하면 '바로 이것이 맞다'라는 뜻에서 '그래, 바로 이거야', '그래, 잘했다'라는 의미가 내포되어 있다.

> 예 这就对了，做得很好。　바로 이거야, 잘했어.

33 这是我定的规则

小张喜欢向人借书。 他的邻居想出一个办法想扭转他的习惯。 当小张又向邻居借书时， 这位邻居说："可以，可以。 但是我定了一条规则：'凡是从我的书房里借去的图书必须当场阅读'。" 一星期后，这位邻居向小张借用割草机。 小张说："当然可以，毫无问题。 不过我也定了一条规则，跟你一样，从我家里借去的东西只能在我家里使用。"

1) 定一条规则 dìng yì tiáo guīzé: 규칙을 하나 정하다.
2) 向····借书 xiàng jiè shū: ～에게서 책을 빌리다.
3) 邻居 línjū: 이웃.

4) 想出办法 xiǎngchū bànfǎ: 방법을 생각해 내다.

5) 扭转 niǔzhuǎn: (관념, 방향)을 바꾸다.

6) 习惯 xíguàn: 습관.

7) 当····时 dāng shí: ～을 할 때.

8) 当场 dāngchǎng: 당장. 그 자리에서.

9) 阅读 yuèdú: 책을 읽다.

10) 借用 jièyòng: 빌려 쓰다.

11) 割草机 gēcǎo jī: 풀 깎는 기계.

12) 毫无问题 háowó wèntí: 아무 문제 없다.

邻居想出一个办法想扭转他的习惯。

이웃은 그의 습관을 바꾸고자 방법을 하나 생각해 냈다.

「想＋出(来)」에서 「出来」는 동사 뒤에 써서 무에서 유로, 감춰진 상태에서 드러남을 나타내는 방향보어이다.

> 예　想出来　생각해 내다.
>
> 　　说出来　말을 해 내다.
>
> 　　研究出来　연구해 내다.
>
> 　　想出一个办法来.　방법을 하나 생각해 내다.(무→유)
>
> 　　他说出来了心里话.　그는 마음속 말을 했다.(감춰짐→드러남)

● 「想起来」와 「想出来」의 차이점

　想起来　생각이 나다: 원래 알고 있던 것을 잊고 있다가 연상을 통해 또다시
　　　　　　생각이 나다.

想出来 생각해 내다: 원래 없었던 것을 생각해 내다.(무→유)

当小张又向邻居借书时，

샤우짱이 또 이웃에게 책을 빌리려 할 때,

「当····时」는 '~할 때'라는 뜻으로 사건이 발생한 시간을 나타낸다. 「时」는 「的时候」를 문어적으로 표현한 것이다.

可以, 可以。

됩니다. 됩니다.

흔쾌히 승낙할 때 「可以」 '된다'의 뜻으로 쓰이며, 반복해서 잘 사용한다.

> **예** 可以, 可以, 没问题。 됩니다. 아무 문제 없어요.

凡是从我的书房里借去的图书必须当场阅读。

무릇 내 서재에서 빌려 가는 책은 반드시 이 자리에서 읽어야 한다.

「凡是」는 '대체로', '무릇'의 뜻으로 일정한 범위에서는 예외 없이 전부 다 그러하다는 뜻이다. 「凡是」는 주어 앞에 쓰이며 뒤에 통상 「都」, 「就」와 호응하여 쓰인다.

「必须」는 '~하지 않으면 안 된다'는 뜻이다. 따라서 「凡是····必须····」는 '무릇 ~는 다 반드시 ~을 해야만 하다'의 뜻으로 해석한다.

> **예** 凡是留学生都得参加分班考试。
>
> 유학생이라면 모두 분반 시험에 참가해야 한다.

「从」은 전치사로서 여기서는 '~에서부터'의 뜻으로 공간적인 개념을 나타내며, 「从····借去」는 '~로부터 빌려 가다'의 뜻으로 해석한다.

邻居向小张借用割草机。

이웃은 샤우쨩에게서 풀 깎는 기계를 빌려 쓰고자 한다.

「向」은 방향을 나타내는 전치사이며, 「向＋사람＋借用」은 '어떤 사람에서 빌려다 쓰다'의 의미이다.

> 예　我向你借用一下电脑行吗?
> 당신에게서 컴퓨터를 좀 빌려 써도 됩니까?

当然可以, 毫无问题。

당연히 되지요. 전혀 문제가 없어요.

「当然可以」는 '당연히 되다'의 뜻으로 흔쾌히 대답할 때 일상적으로 많이 쓰인다.

「毫无」는 '조금도 ～없다', '털끝만큼도 ～없다'의 뜻이다. 주로 부정의 형태로 쓰여, 부정을 더욱 강조한다. 뒤에 일반적으로 쌍음절 동사가 이어진다. 따라서 「毫无问题」는 '전혀 문제가 없다'라는 뜻이다.

> 예　毫无用处。　조금도 쓸모가 없다.
> 毫无办法。　방법이 조금도 없다.
> 这件事跟你毫无关系。　이 일은 너와 털끝만큼도 관계가 없다.

34 不男不女

一位老人坐在公园里的长椅子上。 他对一些年轻人的穿戴很有反感，对旁座的一个人说："瞧，那个人，他到底是个男孩还是个女孩? 穿得怎么这样，不男不女的，真让人看不惯。" "是个女孩，她是我女儿。" 旁座的人说了。 这位老人感到很不好意思，道歉地说："噢! 请原谅! 我不知道您是她妈妈。" "不是!" 这位旁座的人怒气冲冲地说："我是她爸爸。"

1) 不····不···· bù bù: ～도 아니고, ～도 아니다.
2) 穿戴 chuān dài: 옷차림.
3) 反感 fǎngǎn: 반감.

4) 旁座 páng zuò: 옆자리.

5) 看不惯 kànbuguàn: 보는 것이 적응이 되지 않는다. 못 봐주겠다.

6) 不好意思 bùhǎoyìsi: 부끄럽다. 쑥스럽다.

7) 原谅 yuánliàng: 용서하다.

8) 怒气冲冲 nùqìchōngchōng: 노기가 충천하다.

他对一些年轻人的穿戴很有反感。

그는 젊은이들의 옷차림에 대해 반감을 가지고 있다.

「对····有反感」에서 「对」는 '어느 대상에 대해 어떤 생각이나 감정을 가지고 있다'라는 뜻의 전치사이고 「有反感」이라는 감정을 첨가하면 '～에게 반감을 가지다'라는 뜻이 된다. 「有反感」은 「起反感」 '반감이 생기다'라고 표현해도 된다.

瞧, 那个人, 他到底是个男孩还是个女孩?

저 사람을 좀 보세요. 도대체 남자예요 아니면 여자예요?

「瞧」는 「看」의 구어체로 상대방에게 봐 달라는 요청을 하거나 시선을 끌려고 할 때 문두에 「瞧」 '보세요'라고 하면 된다.
「到底」는 부사로 '도대체', '대체～'의 뜻이며, 의문문에 쓰여 따지거나 캐묻는 의미를 나타낸다.
「是＋A＋还是＋B?」는 선택을 요하는 의문문으로 'A아니면 B이니?'의 뜻이다.
따라서 「是个男孩还是个女孩?」는 '남자니 아니면 여자이니?'로 해석하면 된다.

> 예　你是中国人, 还是韩国人? 너는 중국인이니? 아니면 한국인이니?
>
> 　　你同意还是不同意? 너는 동의하니, 아니면 동의하지 않니?

穿得不男不女的。

옷 입은 게 남자도 아니고 여자도 아니다.

「不男不女」는 「不A不B」 형식으로 'A도 아니고 B도 아니다'의 뜻이다. 따라서 「不男不女」는 '남자도 아니고 여자도 아니다'의 뜻이다.

● 「不A不B」의 용법

① 「不A不B」: A와 B에 뜻이 같거나 비슷한 단음절 동사 또는 서면어를 사용하여 'A하지도 않고 B하지도 않다'의 뜻이다.

> 예 不言不语 말하지 않다.
>
> 不吃不喝 먹지도 않고 마시지도 않다.

② 「不A不B」: A와 B는 뜻이 서로 상대되는 단음절 동사, 형용사, 명사, 방위사 또는 서면어를 사용하여 'A하지도 않고 B하지도 않다'의 뜻이다.

> 예 不胖不瘦 뚱뚱하지도 마르지도 않다.
>
> 不多不少 많지도 적지도 않다.

③ 「不A不B」: A와 B는 뜻이 서로 상대되는 단음절 동사, 형용사, 명사, 방위사 또는 서면어를 사용하여 'A인 것 같지도 않고 B인 것 같지도 않다'의 어중간한 상태임을 나타내며, 불만스럽다는 뜻을 가진다.

> 예 不男不女 남자도 아니고 여자도 아니다.
>
> 不人不鬼 사람도 아니고 귀신도 아니다.

④ 「不A不B」: A와 B는 뜻이 서로 상대적이거나 서로 관련 있는 동사 또는 구(句)를 사용하여 '만약 A하지 않으면 B하지 않다'의 뜻이며, '꼭 해야 한다'는 의미를 지닌다.

> 예 不见不散 만나지 않으면 흩어지지 않는다.(만날 때까지 기다리다.)
>
> 不去不行 가지 않으면 안 된다.

真让人看不惯。

정말 보기에 거북하다.(봐 줄 수가 없다.)

「惯」은 가능보어의 다양한 의미표현으로 '습관되다', '적응되다'의 뜻이다. 「看不惯」은 '보는 것에 적응이 되지 않았다', 즉 '볼 수 없다'에서 더 일상적인 표현으로 정상적이지 않는 모습을 더 이상 '못 봐주겠다', '보기가 거북하다'라는 의미다. 탄식 섞인 어감으로 표현하면 「真让人看不惯」이라고 하면 된다.

> 예 吃不惯 먹을 수 없다.(습관이 되지 않아서)
>
> 住不惯 살 수 없다.(습관이 되지 않아서)

老人感到很不好意思, 道歉地说:

노인은 너무 무안하여 그 사람에게 사과하며 말하기를:

「不好意思」는 '죄송합니다.'라는 뜻으로 쓰인다. 여기서 「感到很不好意思」는 '죄송하게 생각하다'의 뜻이다.

「道歉」은 '사과하다'라는 뜻이며, 직접 죄송함을 표할 때는 「向你道歉」 '당신에게 사과 드립니다'라고 표현해야 한다. 유사 표현으로 「很抱歉」 '죄송합니다'가 있으며, 이는 「对不起」와 의미가 같다. 「感到很抱歉」은 '죄송하게 생각하다'라는 뜻이며, 「感到很不好意思」보다는 죄송함의 의미 정도가 강하다.

> 예 抱歉! 这是我的错误.
>
> 죄송합니다. 이것은 저의 잘못입니다.
>
> 做错了一定要向他道歉。
>
> 잘못을 하면 반드시 그에게 사과를 해야 한다.

● 「感觉」, 「觉得」, 「感到」의 비교

「感觉」: (동) '느끼다', '여기다'. (명) '감각', '느낌', '생각'.

이 느낌의 대상은 구체적이거나 추상적인 사물이 될 수 있고, 뒤에 「到」를 수반할 수 있다.

① 몸으로 직접 느끼고 체험하는 것을 뜻한다.

② '생각하다'의 뜻이다.

> 예 下过一场雨, 感觉有点儿冷。

한바탕 비가 내린 후 좀 춥다고 느껴진다.

大家对他的感觉都不一样。

모두들 그에 대한 생각이 다르다.

「觉得」: (동) '느끼다', '생각하다'.

심리적으로 느낀 것과 체험한 것을 강조한다. 「觉得」은 뒤에 「到」를 쓰지 않는다.

> 예 你觉得他这个人怎么样? 네 생각에 이 사람 어때?
>
> 我觉得我做对了。 나는 내가 한 것이 옳다고 생각한다.

「感到」는 「觉得」과 같이 쓰이며, 명사로는 쓰지 않는다.

> 예 这件事让他感到很难过。 이 일이 그로 하여금 슬프게 했다.

请原谅!

용서해 주세요!

「请」은 사역을 나타내는 동사로 요청과 부탁의 어감을 지닌다. 여기서 「请原谅」은 「请你原谅我」의 줄인 표현이다. 이는 일상적으로 자주 쓰이는 말로 직역하면 '당신에게 나를 용서해 주기를 요청한다'는 뜻이고, 의역하면 '용서해 주세요', '한번 봐 주세요'의 뜻으로 쓰이는 말이다.

35 有力的证明

一个小男孩被车撞了。　　他的妈妈把那司机告到法院，说他的孩子受伤了。　法官问了受伤的程度，妈妈哭着回答说：“他的手现在只能举到下巴，再也上不去了。”　孩子同时在旁边示范给大家看，举举手，很吃力地才举到脖子，　满脸痛苦表情。　　法官又问："那么以前能举多高?"　妈妈说："能举过头顶。"　孩子也为了证明妈妈的话，飞快地将手举过头顶，显出很轻松的样子。

1) 有力 yǒulì: 유력하다.
2) 证明 zhèngmíng: 증명.

3) 撞 zhuàng: 부딪히다. 충돌하다.

4) 告 gào: 고발하다.

5) 法院 fǎyuàn: 법원.

6) 受伤 shòushāng: 다치다.

7) 法官 fǎguān: 법관.

8) 程度 chéngdù: 정도.

9) 下巴 xiàbā: 아래 턱.

10) 同时 tóngshí: 동시.

11) 示范 shìfàn: 시범을 보이다.

12) 吃力 chīlì: 힘겨워하다.

13) 脖子 bózi: 목.

14) 满脸 mǎnliǎn: 온 얼굴 가득.

15) 痛苦 tòngkǔ: 고통스러워하다.

16) 表情 biǎoqíng: 표정.

17) 头顶 tóudǐng: 머리꼭지.

18) 飞快地···· fēikuài de: 날듯이 빠르게다~하다.

19) 显出····样子 xiǎnchū yàngzi: ~모습으로 보이다.

20) 轻松 qīngsōng: (몸. 기분) 가뿐하다. 홀가분하다. (일)수월하다.

他的手现在只能举到下巴, 再也上不去了。

이 아이의 손은 지금 턱까지만 들 수 있지 다시는 이 이상 올릴 수가 없다.

「只能」 부사로 '단지 ～만 할 수 있다', '～할 수밖에 없다'의 뜻이다.

「再也＋不/没」는 '다시는 ～하지 않다', '다시는 ～하지 못했다'의 뜻으로 쓰

이며, 「上不去」와 함께 「再也上不去」는 '다시는 올릴 수가 없다'로 해석하면
된다.

「上不去」는 동사에 가능보어를 써서 '올릴 수가 없다', '올라갈 수가 없다'의
뜻이며, 반대어는 「上得去」 '올라갈 수 있다'이다.

很吃力地才举到脖子, 满脸痛苦表情。

아주 힘겹게 목까지 들었고, 얼굴에는 온통 고통스러운 표정이었다.

「才」 부사로 수량, 횟수가 적거나, 능력이 떨어지거나, 정도가 낮음을 나타내
며, 뒤에 「就」와 호응하여 쓴다.

> 예 我才喝了一杯酒, 就醉了。
>
> 나는 겨우 술 한 잔만 마셨는데 바로 취했다.

「满」은 형용사로 「满＋명사」 문형으로 '전부의‥‥', '모두의‥‥', '전체의‥
‥'의 뜻이 된다. 따라서 「满脸痛苦表情」 '얼굴 전체가 고통스러운 표정이다'
의 뜻으로 해석된다.

> 예 满身是汗。 온몸이 땀이다.
>
> 满屋都是垃圾。 집 안이 온통 쓰레기투성이다.

孩子飞快地将手举过头顶, 显出很轻松的样子。

아이는 재빨리 손을 머리 꼭대기위로 들어 올렸고, 보기에 아주 홀가분한 모습
이었다.

「将」은 「把」의 서면어로 목적어를 서술어 앞으로 끌어내어 모종의 변화, 결과,
영향 등을 강조하는 역할을 한다.

> 예 他将门关上了。 그는 문을 닫았다.

「显」은 동사로 '나타내다', '드러내다'의 뜻이며, 방향보어인 「出」을 써서 「显
出‥‥的样子」는 '～모습으로 보이다'의 뜻으로 해석한다.

36 我把车停住了

一位夫人穿过一个停车场时， 看见一辆无人驾驶的车慢慢向她滑过来。 她用非常敏捷的动作全速跑过去，打开车门，跳进车，拉动紧急刹车，把车停了下来。 当她从车里出来时，许多人迅速向她走来，其中有一个穿着工作服的男人走近她。"啊！是我把车停住了！"她自豪地宣布。"是的，我知道。"那个人回答。"是我正在推车。"

1) 停住 tíngzhù: 세워 멈추다.

2) 穿过 chuānguò: 뚫고 지나가다.

3) 停车场 tíngchē chǎng: 주차장.

4) 无人 wúrén: 사람이 없다.

5) 驾驶 jiàshǐ: 운전하다.

6) 滑过来 huá guòlai: 미끄러져 오다.

7) 敏捷 mǐnjié: 민첩하다.

8) 全速···· quánsù: 전속력으로~.

9) 跳进···· tiàojìn: ~에 뛰어 들어가다.

10) 拉动 lādòng: 당기다.

11) 紧急 jǐnjí: 긴급.

12) 刹车 shāchē: 차의 제동을 걸다.

13) 当····时 dāng shí: ~할 때.

14) 许多 xǔduō: 많다.

15) 迅速 xùnsù: 신속하다.

16) 自豪 zìháo: 스스로 긍지를 느끼다.

17) 推车 tuī chē: 차를 밀다.

她用非常敏捷的动作全速跑过去，打开车门，跳进车，拉动紧急刹车。

그녀는 가장 민첩한 동작으로 전속력을 다해 뛰어가서 차 문을 열고 뛰어 들어가 긴급 브레이크를 잡아 올렸다.

「用····的动作」 문형에서 「用」은 수단을 나타내어 「用····的动作」은 '~한 동작을 사용해서'의 뜻이다.

「跑过去」 '뛰어가다', 「打开车门」 '차 문을 열다', 「跳进车」 '차에 뛰어 들어가다', 「拉动紧急刹车」 '긴급 브레이크를 당기다'의 뜻이다. 연속으로 쓰인 동작의 표현이며, 각각 동작에 쓰인 동사와 목적어에 유의한다.

是我把车停住了!

내가 차를 멈추게 했다.

「是」로 문장을 시작하면 이미 일어난 행위의 주체를 강조하는 의미가 된다. 따라서 「是我把车停住了!」는 '차를 멈추게 한 것은 바로 나다'의 뜻으로 해석한다. 동일한 용례로 「是我正在推车」는 '(바로) 내가 차를 밀고 있었다'의 뜻이다.

예 是他说明天不上课的。　그가 내일 수업 안 한다고 말했다.

37　表达感激之情

一个裁缝借给理发师一笔钱，为了表达感激之情，理发师对裁缝说："朋友，无论你什么时候有了困难，如果人们都不肯帮助你，你父母抛弃了你，甚至你的兄弟姐妹也不理你，朋友都离你而去，反正你来找我好了，我保证免费给你理发。"

1) 表达 biǎodá: (감정. 생각)표현하다.

2) 感激之情 gǎnjī zhī qíng: 감사하는 마음.

3) 裁缝 cáifeng: 재봉사.

4) 借 jiè: 빌리다.

5) 理发师 lǐfàshī: 이발사.

6) 一笔 yì bǐ: 돈이나 글을 세는 양사.

7) 困难 kùnnan: 어렵다. 곤란하다.

8) 帮助 bāngzhù: 돕다.

9) 抛弃 pāoqì: 버리다.

10) 兄弟姐妹 xiōng dì jiě mèi: 형제자매.

11) 甚至(于) shènzhì(yú): 심지어.

12) 保证 bǎozhèng: 보증하다.

13) 不理 bùlǐ: 거들떠보지 않다.

14) 离你而去 lí nǐ ér qù: 너를 떠나다.

15) 免费 miǎnfèi: 무료.

为了表达感激之情。

감사하는 마음을 전하기 위해.

「表达」는 생각이나 감정을 '표현하다', '나타내다'의 뜻이며, 「‥‥之情」은 '~의 감정'이라는 뜻이니 「表达感激之情」은 '감사하는 마음을 표현하다'의 뜻이 된다.

无论你什么时候有了困难,

네가 언제 어려움이 생기든지 간에,

「无论」은 접속사로 '~을 막론하고', '~에 관계없이'의 뜻이며, 뒤에 「都」와 호응하여 「无论‥‥都」는 '~을 막론하고 다 ~하다'의 뜻으로 쓰인다. 「无论」은 「不管」과 거의 비슷하게 쓰이고, 「不论」이라고도 한다.

　　예　无论你同意不同意, 反正我一定要去。

당신이 동의하든 않든 간에 나는 어쨌든 꼭 갈 것이다.

甚至你的兄弟姐妹也不理你。

심지어 네 형제자매도 너를 거들떠보지 않는다.

「甚至」는 '심지어', '～조차도'의 뜻으로 쓰이며, 뒤에 흔히 「都」나 「也」와 호
응하여 한층 깊어지는 상태를 설명할 때 쓰인다.
「理」는 동사로 '거들떠보다'라는 뜻이며, 「不理你」는 당신을 '취급하지 않다',
'거들떠보지 않다'의 뜻이다.

反正你来找我好了。

어쨌든 간에 너는 나를 찾아와라.

「‥‥好了」긍정문 뒤에 붙여 '～하는 편이 좋겠다'는 뜻으로 상대에게 바람
직한 결론을 내려주는 어감을 지닌다.

38 技术不好

两个朋友一起去看马戏表演。 看完表演，两个朋友谈论他们看到的那些惊险场面。 小强问：“我觉得那个表演飞刀的人并不怎么样，你认为呢?” “我觉得那个人表演得太棒了!” 小亮热心地说了。 “我不认为。” 小强说：“他不停地把刀向那女演员扔去，可一次都没扔中，技术太差了。”

1) 技术 jìshù: 기술.
2) 马戏表演 mǎxì biǎoyǎn: 서커스 공연.
3) 惊险 jīngxiǎn: 아슬아슬하다.
4) 飞刀 fēidāo: (묘기) 칼 던지기.

5) 热心 rèxīn: 열성적이다.

6) 向···扔去 xiàng rēngqù: ～를 향해 던지다.

7) 扔中 rēngzhòng: 던져서 맞히다.

8) 差 chà: 나쁘다. 표준에 못 미치다.

我觉得那个表演飞刀的人并不怎么样，你认为呢?

내 생각에 그 칼 던지기를 공연한 사람은 별로야, 너 생각은 어때?

「并不怎么样」에서 「并」은 '결코'라는 뜻이고 「不怎么样」은 의문대명사의 확장용법으로 의문의 뜻은 없이 '별로 좋지 않다'의 뜻으로 쓰인다.

> 예 今天天气不怎么样。　오늘 날씨는 별로 좋지 않다.

「你认为呢?」 '너는 어떻게 생각하니?' 하고 물으면 대답을 할 때 「我觉得····」 '내 생각으로는', '내가 느끼기로는 ～' 하고 대답을 하면 된다. 「认为」의 반대형은 「我不认为」를 써서 '나는 그렇게 여기지 않는다'라고 한다.

他不停地把刀向那女演员扔去。

그는 쉬지 않고 칼을 그 여자 배우를 향해 던졌다.

「向····扔去」에서 「向」은 전치사로 '～을 향해'의 뜻이며, 「扔」 '던지다'라는 뜻인 동사와 방향보어 「去」를 함께 써서 '～를 향해 던져 보내다'라는 뜻으로 해석한다.

可一次都没扔中，技术太差了。

그러나 한 번도 맞히지 못했다. 기술이 형편없었다.

「可」 강조의 역할을 하며, 주로 구어에서 사용되어 '그러나'의 뜻이다.
「一次都没」에서 「一·····都没」은 '한 번도 ~하지 못했다'의 뜻으로 「一·····都」 뒤에는 반드시 부정형 「没/不」를 써야 한다.

「扔中」은 동사 뒤에 결과보어로 쓰인 동사 「中」을 붙여 '던져서 맞히다'의 뜻이다. 여기서 「中」은 4성인 「zhòng」으로 읽어야 한다. 따라서 「一次都没扔中」은 '던져서 한 번도 맞히지 못했다.'의 뜻이다.

「太·····了」 사이에 동사나 형용사를 두어 감탄을 나타낸다. 「太·····了」 사이에 좋지 않은 의미의 형용사를 쓸 경우 지나치고, 원치 않는 상황을 나타낸다. 따라서 「太差了」는 '너무 나쁘다', '너무 형편없다'의 뜻이다. 반대로 「太·····了」 사이에 좋은 의미의 형용사를 쓸 경우, 좋은 의미의 정도가 증가하여 「太棒了」는 '너무 좋다', '너무 잘했다'의 뜻이다.

猫知道吗?

有一位精神病患者总认为自己是老鼠。 他在医生的帮助下，终于康复了。 出院的那天这个患者，刚刚走到门口，突然有一只猫出现在他的面前，令他目瞪口呆。 医生说:"别怕,你现在已经好了 为什么还那样?" 患者说: "我知道我已经不是老鼠了，可猫知道吗?"

1) 精神病 jīngshén bìng: 정신병.

2) 终于 zhōngyú: 마침내. 결국.

3) 康复 kāngfù: 건강을 회복하다.

4) 出院 chūyuàn: 퇴원하다.

5) 刚刚 gānggang: 바로. 막.

6) 出现 chūxiàn: 나타나다.

7) 面前 miànqián: 면전. 앞.

8) 令··· lìng: ～로 하여금.

9) 目瞪口呆 mù dèng kǒu dāi: 어안이 벙벙하다.

10) 别怕 bié pà: 두려워하지 마라.

他在医生的帮助下，终于康复了。

그는 의사의 도움으로 드디어 건강을 회복하게 되었다.

「在···下」는 주로 조건하에 이루어지는 상황을 나타낸다.

> 예 在大家的帮助下他的学习有了很大的进步。
>
> 모두의 도움하에 그의 공부는 많은 진보가 있었다.

「终于」 부사로서 ‘마침내’, ‘결국’, ‘끝내’의 뜻으로 긴 과정을 거친 후, 가장 마지막 한 결과를 나타낸다. 이때의 결과는 종종 화자가 희망하는 것이거나 예상한 것이다. ‘최후’, ‘맨 마지막’이라는 뜻의 명사 「最后」와 혼동하기 쉬운데 「最后」는 일이 전개되는 과정의 가장 마지막 단계나 순서를 의미한다.

> 예 排了很长的队，终于买到了火车票。
>
> 긴 줄을 서서 마침내 기차표를 샀다.

突然有一只猫出现在他的面前，令他目瞪口呆。

갑자기 고양이 한 마리가 그의 앞에 나타나 그로 하여금 어안이 벙벙하게 했다.
「出现」은 ‘나타나다’의 뜻이다.

「在他的面前」은 '그의 눈앞'이라는 뜻이며, 「出現在他的面前」은 '그의 눈앞에 나타나다'의 뜻으로 해석한다.

「突然」은 '갑자기', '별안간', '돌연히'라는 뜻의 부사이다. 형용사로 쓰일 때는 앞에 「很」을 붙여 쓸 수 있다. 「忽然」과 일반적으로 바꾸어 쓸 수 있지만 「突然」이 「忽然」에 비해 뜻이 강하다. 「突然」은 대부분 주어 앞에 쓰인다.

「令····」은 '누구로 하여금 ～하게 하다'의 의미를 나타낸다.

「目瞪口呆」는 성어로 '어안이 벙벙하다'의 뜻이라 「令他目瞪口呆」는 '그로 하여금 어안이 벙벙하게 하다'의 뜻으로 해석한다.

別怕!

무서워하지 마라!

「別」은 '～하지 마라'라는 명령문을 만들 때 쓰는 것이고, 「別(害)怕!」는 '무서워하지 마!', '걱정하지 마!'의 뜻으로 쓰이며, 자주 「別怕! 別怕!」라고 반복하여 표현을 한다.

40 这不是屁股

一位刚毕业就开始任教的小学美术老师， 在黑板上画了一个苹果，问学生："这是什么呀?"学生们异口同声地说："这是屁股。" 她以为学生联合起来欺负她，就哭着去找校长。 校长听后到教室训斥学生说："你们越来越不像话了，为什么又把老师气哭了?"回头一看黑板，更生气了："啊! 你们还在黑板上画了个屁股!"

1) 屁股 pìgu: 엉덩이.
2) 任教 rènjiào: 교육을 담당하다.
3) 美术 měishù: 미술.

4) 黑板 hēibǎn: 칠판.

5) 异口同声 yì kǒu tóng shēng: 이구동성.

6) 联合 liánhé: 연합하다.

7) 欺负 qīfù: 괴롭히다.

8) 越来越 yuè lai yuè: 점점.

9) 不像话 bú xiàng huà: 말이 안 되다. 형편없다.

10) 气哭了 qì kū le: 화가 나서 울다.

11) 回头 huítóu: 고개를 돌리다.

12) 生气 shēngqì: 화나다.

她以为学生联合起来欺负她。

그녀는 학생들이 연합하여 그를 괴롭히는 줄 여긴다.

「起来」는 동사인 「联合」의 방향보어이다. 이런 유형은 파생된 의미로 분산되어 있던 것이 한곳으로 집중되는 것을 의미한다. 따라서 「联合起来」는 '연합하다'의 뜻으로 해석한다.

> 예 大家团结起来, 一定能战胜困难。
>
> 모두 단결하면, 반드시 어려움을 이겨 낼 것이다.

你们越来越不像话了

너희들 점점 말이 안 된다(형편없다).

「越来越·····」은 '점점'의 뜻으로 정도부사이며, 시간이 지남에 따라서 점차 정도가 증가됨을 나타낸다.

> **예** 雨下得越来越大了。　비가 점점 많이 내린다.
>
> 「不像话」는 '말 같지 않다', '말도 안 된다', '형편없다'는 뜻의 상용
> 표현이다.

为什么又把老师气哭了?

왜 선생님 화를 또 돋우어 울게 만들었니?

「气哭了」에서 「气」는 '화나다'의 동사이고 결과보어로 「哭」을 붙여 '화가 나
서 울었다'의 뜻이다.
「把」 자문으로 표현하여 「把‥‥气哭了」는 '~을 화나게 하여 울게 만들다'
라는 뜻이다.

回头一看黑板, 更生气了。

고개를 돌려 칠판을 보고는 더욱 화가 났다.

「回头一看」'고개를 돌려 보자마자'의 뜻으로 「一＋동사」는 '~을 하자마자
~하다'의 뜻으로 쓰였다.
「更」은 비교급에서 두 사물 간의 비교에 사용되고, '~보다 더 ~하다'의 뜻이
며, 상태나 상황이 원래보다 심해지는 것을 나타낸다. 정도의 변화를 나타내기
때문에 문미에 항상 새로운 변화를 뜻하는 어기조사 「了」를 동반하며 「更生气
了」는 '더 화가 났다'라는 뜻이다.

> **예** 我相信明天会更好。　나는 미래가 더욱 좋아질 것으로 믿는다.

41 狗知道这个谚语吗？

一天，一个法国人到他的英国朋友家里去作客。 当他走近朋友的房子时， 一条大狗跑出来冲他叫起来。 这个法国人吓得不敢往前走了。 这时，那个英国人走出来，看见了他的朋友，"别害怕!" 他说，"你难道不知道'叫狗不咬人'这个谚语吗?" "噢，我知道，" 法国人马上回答说："我也知道这个谚语，你也知道这个谚语，可这条狗知道这个谚语吗?"

1) 谚语 yànyǔ: 속담.
2) 法国 Fǎguó: 프랑스.
3) 英国 Yīngguó: 영국.

4) 作客 zuòkè: 손님으로 방문하다.

5) 冲····叫 chōng jiào: ～를 향해 짖다.

6) 不敢 bù gǎn: 감히～하지 못하다.

7) 咬 yǎo: 물다.

到他的英国朋友家里去作客。

그의 영국 친구 집에 손님으로 갔다.(놀러 갔다.)

「作客」은 '손님이 되다', '～에 손님으로 가다'의 뜻이다. 이 문장에서 「到··
·家里去作客」은 직역을 하면 '～의 집에 손님으로 가다'이며, 의역을 하면 '～
친구 집에 놀러 가다'이다.

一条大狗跑出来冲他叫起来。

큰 개 한 마리가 뛰어나와 그를 향해 짖어대기 시작했다.

「冲」 뒤에는 사람이나 장소를 써서 그 장소를 목표로 하여 '돌진하다'의 뜻이다.
「叫」의 뜻은 '소리를 지르다', '외치다', '짖어 대다'이며, 방향보어인 「起来」를
붙여 '짖기 시작하다'의 의미이다. 따라서 「跑出来冲他叫起来」는 '뛰어 나와
그를 향해 짖어대기 시작하다'의 뜻으로 해석한다.

这个法国人吓得不敢往前走了。

이 프랑스사람은 놀라서 앞으로 더 나가기를 두려워했다.

「敢」은 능원동사로 판단에 확신이 있고 의욕이 있음을 나타낼 때 '(감히) ～할

수 있다’라고 표현하며, 「不敢」은 확신이 없고 두려움에 ‘(감히) ~할 수 없다.’
의 뜻을 지닌다. 따라서 「吓」은 ‘놀라다’의 뜻이며, 「不敢往前走」는 동사 「吓」
의 정도보어로 ‘놀라서 앞으로 (감히) 걸어갈 수가 없다’의 뜻으로 해석한다.

> **예** 再也不敢相信你的话了。　다시는 네 말을 (감히) 믿지 못하겠다.

你难道不知道‘叫狗不咬人’这个谚语吗?

너는 설마 ‘짖어대는 개는 물지 않는다’라는 속담도 모른단 말이야?

「难道····吗?」는 반문의 어기를 강조하는 문장에 쓰이며, ‘설마~하겠는가?’라
는 뜻이다. 따라서 「难道不知道····吗?」는 ‘설마 모른단 말인가?’로 ‘당연히
알고 있어야 한다’는 의미를 강조하고 있다.
「叫狗不咬人」은 외국 속담으로 ‘짖어대는 개는 물지 않는다’이다.

42 二加二不一定等于四

一个公司想招聘一名女秘书。 第一天，就有不少年轻有为的小姐前来应聘，但按经理的要求面试后，竟然一个也没被选中。 第二天，又来了一些小姐，经理向他们提出一个问题，"二加二等于几?" 一位小姐马上说："是四。" 经理作出失望的表情摇摇头，什么也没说。 这时一位小姐轻声地说："先生，您喜欢等于几就等于几吧!" 结果她被选中了。

1) 招聘 zhāopìn: 초빙하다.
2) 年轻有为 niánqīng yǒuwéi: 젊고 유능하다.
3) 应聘 yìngpìn: 초빙에 응하다.

4) 按····要求 àn yāoqiú: ~의 요구에 따라.

5) 面试 miànshì: 면접.

6) 选中 xuǎnzhòng: 뽑히다.

7) 作出····表情 zuòchū biǎoqíng: ~한 표정을 지어내다.

8) 失望 shīwàng: 실망하다.

9) 摇头 yáotóu: 머리를 흔들다. 머리를 가로젓다.

10) 轻声 qīngshēng: 얕은 소리.

11) 结果 jiéguǒ: 결국.

按经理的要求面试后，竟然一个也没被选中。

사장의 요구대로 면접을 봤지만, 뜻밖에 하나도 뽑히지 않았다.

「按····的要求」 구문에서 「按」은 전치사로 '~에 의거하다', '~에 따라서'의 뜻이고 「要求」는 동사와 명사의 뜻을 모두 가지고 있으나 여기에서는 명사로 '요구', '요망'이라는 뜻을 지니고 있어 「按····的要求」는 '~의 요구에 따라'의 뜻으로 해석된다. 「竟然」은 말하는 사람의 심정을 나타내는 어기 부사로 '뜻밖에도', '의외로'의 뜻을 나타낸다.

예 他一粒药也没吃, 病竟然好了。

그는 약을 한 알도 먹지 않았는데 뜻밖에도 병이 나았다.

「一个也没····」은 '한 개조차도 ~하지 못했다'의 뜻으로 「也」나 「都」와 함께 쓰여 말하는 범위 내에 예외가 없음을 나타낸다.

经理作出失望的表情摇摇头，什么也没说。

사장은 아주 실망스러운 표정으로 고개를 저으며 아무 말도 하지 않았다.

「作出····表情」 구에서 「表情」은 '표정'이라는 명사이고 「作出」는 '만들어
내다', '지어내다'의 뜻이다. 따라서 「作出失望的表情」은 '실망스러운 표정을
지어 보이다'의 뜻으로 해석한다.
「什么也没说」은 상용용법으로 '아무 말도 하지 않았다', '아무것도 말하지 않
았다'의 뜻이다.

您喜欢等于几就等于几吧!

당신이 몇이라고 하고 싶으면 몇이 됩니다.

「等于」는 '～이나 다름없다', '～에 해당하다'이고, 수학공식에서 답을 말할 때
'～은 ～이 된다'의 뜻이다.
「几」는 몇이라는 수사로 「等于几」는 '몇에 해당하다', '몇이다'로 해석된다.
「喜欢A就A吧!」는 '꺼릴 것 없이', '생각하는 대로', '하고 싶은 대로'라는 의미
를 지니며, 'A가 좋으면 바로A(그것)를 해라'라는 뜻이다.

43 广告与定价

顾客："这辆自行车怎么没有灯呢? 广告里有啊!"

店主:"是的。 但车灯要另外收费。"

顾客:"既然广告里有车灯, 定价就该包括车灯在内,

不是吗?"

店主:"我们广告画里, 车上还骑着一位漂亮小姐呢!"

1) 定价 dìngjià: 가격을 정하다. 정가.

2) 自行车 zìxíng chē: 자전거.

3) 灯 dēng: 등.

4) 收费 shōufèi: 비용을 받다.

5) 既然 jìrán: 기왕에 ~된 이상.

6) 包括····在内 bāokuò zài nèi: ~을 포함시키다.

7) 广告画 guǎnggào huà: 광고 그림.

8) 骑 qí: (자전거, 말) 타다.

9) 漂亮 piàoliang: 예쁘다.

既然广告里有车灯, 定价就该包括车灯在内, 不是吗?

기왕 광고 속에 차등이 있다면 가격에 차의 등도 포함되어 있어야 하지 않나요?

「既然····就····」는 '기왕에 이렇게 된 이상'으로 해석되며, 추론을 한 결론을 서술하는 글에서 「就」와 호응하여 쓰인다. 뒤에 표시되는 것을 기정사실이든가 기정사실로 간주할 수 있는 것이어야 한다.

「该」는 당위를 나타내는 능원동사로 '～하지 않으면 안 된다', '～해야 한다', '응당 ～일 것이다'라는 뜻으로 쓰여 화자가 생각하기에 어떻게 하는 것이 옳은지를 나타내며, 어떤 일에 대한 자신의 의견을 말할 때 쓰인다.

> 예 我该怎么办呢? 내가 어떻게 해야 합니까?

「····, 不是吗?」 또는 「不是····吗?」는 반어문으로, 부정을 써서 강한 긍정을 나타내며, 때로는 화자의 불만, 책망, 변명 등을 드러낸다.

> 예 A: 快去找个年轻人帮帮我吧!
>
> 빨리 가서 젊은이를 찾아 나를 돕게 해주세요!
>
> B: 我不是年轻人吗?
>
> 저는 젊은이가 아닙니까?

B는 자신이 젊다고 생각하고 있는데, A가 B를 젊은이로 간주하지 않고, 가서 젊은이를 찾아오라고 하자 B가 불만을 표하고 있다.

 **44** ## 你不可能是真的大夫

一个病人看完病以后，有点儿紧张地问大夫："你不是真的大夫吧?"大夫说:"为什么这么说呢?"病人回答:"以前我看病的时候，大夫们沈默寡言，说的话我常听不懂，药方上的字也看不清楚，可是你的话我都听得懂，药方上的字也都看得清楚，所以，你怎么可能是真的大夫呢?"

1) 看病 kànbìng: 진찰하다.

2) 沈默寡言 chénmò guǎyán: 침묵하고 말수가 적다.

3) 听不懂 tīng bu dǒng: 알아들을 수 없다.

4) 听得懂 tīng de dǒng: 알아들을 수 있다.

5) 看不清楚 kàn bu qīngchu: 잘 보이지 않는다.
6) 看得清楚 kàn de qīngchu: 잘 보인다.
7) 药方 yàofāng: 약 처방전.

以前我看病的时候，大夫们沈默寡言。

이전에 내가 진찰을 받을 때 의사들은 말수가 적고 침묵했다.

「以前」은 시간을 나타내는 시간사로 문두에 쓰면 '이전'이라는 뜻이다. 반대어로 '나중', '이후'라는 뜻인 「以后」가 있다.
「沈默」은 '침묵하다', 「寡言」은 '말이 적다'의 뜻이니 「沈默寡言」은 성어로 '말수가 적고 침묵하다'의 뜻이다.

你怎么可能是真的大夫呢?

당신이 어떻게 진짜 의사일 수가 있어요?

「怎么可能……呢?」 반어문으로 '어떻게 그것이 가능합니까?' 불가능하다는 것을 강조하는 반어문 형식이다.

听得懂－听不懂－看得清楚－看不清楚

가능보어 문형:

「听得懂」 알아들을 수 있다.

「听不懂」 알아들을 수 없다.

「看得清楚」 잘 보인다.

「看不清楚」 잘 보이지 않는다.

45 一条鲸鱼价钱

一名公司职员刚领到薪水， 带着太太上一家豪华的餐馆吃了一顿。 吃完后，餐馆服务员来结账，公司职员问："怎么一杯酒要这么多钱?" "没错，这是本店的规距，一杯酒也按一瓶价钱来算，其他项目也是这样。"服务员说了。 这名职员的太太听了这句话，脸色一下子变白了。 丈夫看了吓坏了，忙问："怎么回事?" "刚才我们吃的是一块鲸鱼肉!"

1) 鲸鱼 jīngyú: 고래.

2) 领 lǐng: (월급) 수령하다.

3) 薪水 xīnshuǐ: 급여.

4) 豪华 háohuá: 호화롭다.

5) 餐馆 cānguǎn: 식당.

6) 服务员 fúwù yuán: 종업원.

7) 结账 jiézhàng: 계산하다.

8) 没错 méi cuò: 맞아요.

9) 本店 běn diàn: 해당 상점.

10) 规距 guījù: 규칙. 규정.

11) 按···· àn: ~을 근거로 하다.

12) 算 suàn: 계산하다.

13) 项目 xiàngmù: 항목.

14) 脸色 liǎnsè: 얼굴색.

15) 一下子 yíxiàzi: 한꺼번에. 한 번만에.

16) 变白 biàn bái: 하얗게 변하다.

17) 吓坏 xiàhuài: 놀라다.

18) 肉 ròu: 살코기.

怎么一杯酒要这么多钱?

어떻게 술 한 잔에 이렇게 많은 돈을 요구하세요?

「怎么····这么····」는 의문대명사와 지시대명사를 함께 사용하여 항의나 불만을 토로하는 의미를 지니는데 '어떻게 이렇게 ~하는지?'의 뜻이다. 따라서 「怎么一杯酒要这么多钱?」은 '어떻게 술 한 잔에 이렇게 많은 돈을 요구하나요?'라는 뜻으로 불만의 어감을 지니고 있다. 또한 「怎么」와 「这么」를 바로 병

렬하여 「怎么这么····」 ‘어떻게 이렇게 ~하나?’의 표현도 있다.

> **예** 怎么他长得这么奇怪? 어떻게 그 사람은 이렇게 이상하게 생겼니?
>
> 怎么这么奇怪? 어떻게 이렇게 이상하니?

一杯酒也按一瓶价钱来算。

술 한 잔도 한 병의 가격에 따라 계산을 합니다.

「按」은 전치사로서 ‘~에 의거하여’, ‘~에 따라서’의 뜻이다. 따라서 「A按B来算」은 ‘A는 B를 근거로 계산하다’의 뜻이므로 「一杯酒按一瓶价钱来算」은 ‘한 잔 술의 가격은 한 병으로 계산하다’, 즉 한 잔이든 두 잔이든 다 ‘한 병으로 따져서 가격을 정한다’는 뜻이다.

其他项目也是这样。

다른 항목도 그렇습니다.

「其他」는 ‘기타’, ‘다른’이라는 뜻을 나타낸다. 「其他」는 명사 앞에 쓰이는데 그 명사는 생략이 가능하다. 그러나 이러한 경우엔 「其他」 뒤에 「的」이 와서 「其他的」, ‘다른 것’이라고 표현한다.

脸色一下子变白了。

얼굴색이 갑자기 하얗게 변했다.

「一下子」는 ‘갑자기’라는 뜻으로, 어떤 사건이 빠르게 발생하였음을 나타내고, 여기서는 동사 「变」 앞에 위치하여 「变」을 수식하며 ‘갑자기 변했다’의 뜻을 나타낸다. 「白了」는 「变」의 결과보어로 ‘하얗게 변했다’라는 뜻이다. 따라서 「一下子变白了」는 ‘갑자기 하얗게 변했다’라는 뜻으로 해석된다.

怎么(一)回事?

어떻게 된 일이야?

「回」는 「事」 '일'의 양사이고, 「一」을 생략하여 쓰인다. 「怎么(一)回事?」는 발생한 일의 결과에 대해 궁금하여 물을 때 '어떻게 된 일이야?'라는 뜻이다.

46　为的是坐你的椅子

丽沙跟几个朋友去舞厅跳舞。　别的朋友都出场跳起舞了，丽沙一个人没有舞伴，只好干坐着，又无聊又没面子。　这时迎面走来一个男士，丽沙高兴极了。那男子问道："小姐，你要跳舞吗?" 丽沙忙站起来有礼貌地说："当然要。" "好极了!" 那男士说，"我可以坐你的椅子了。"

1) 舞厅 wǔtīng: 무도장.

2) 跳舞 tiàowǔ: 춤을 추다.

3) 出场 chūchǎng: (배우, 운동선수)가 무대나 운동장으로 나오다.

4) 舞伴 wǔbàn: 춤 파트너.

5) 干坐着 gān zuòzhe: 덧없이 앉아 있다.

6) 无聊 wúliáo: 무료하다. 심심하다.

7) 没面子 méi miànzi: 면목이 없다. 체면이 서지 않는다.

8) 迎面走来 yíngmiàn zǒulái: 맞은편에서 걸어오다.

9) 站起来 zhàn qǐlai: 일어서다.

10) 有礼貌地···· yǒu lǐmào de: 예의 바르게 ～.

她一个人没有舞伴, 只好干坐着, 又无聊又没面子。

그녀는 파트너가 없어서 덧없이 앉아 있기만 하여 무료하고도 체면이 서지 않았다.

「····, 只好····」 문형에서 「只好＋동사」는 '할 수 없이'라는 뜻으로 달리 선택할 것이 없어서 부득불 이렇게 함을 나타내며 동사 앞에 부사어로 쓰인다. 이 구문에서 '파트너가 없어 할 수 없이 덧없이 앉아 있기만 하다'의 뜻으로 해석된다.

> 예 买不到头等舱的票, 只好坐普通舱去。
>
> 일등석 표를 살 수 없어 하는 수 없이 보통석에 앉아서 간다.

「又····又····」 두 개의 부사를 연결하여 '～하면서 동시에 ～하다', '～고 또 ～하다'의 뜻으로 쓰이며, 두 가지 동작이나 상황이 동시에 존재, 발생함을 나타낸다. 따라서 「又无聊又没面子」는 '무료하고도 체면이 서지 않는다'는 뜻이다.

> 예 苹果又大又甜。　사과는 크고 달다.

迎面走来一个男士。

맞은편에서 한 남자가 걸어왔다.

「迎面走来……」에서 「迎」은 '맞이하다'라는 뜻이고, 「面」 '얼굴'이라, 「迎面」
은 얼굴로 맞이할 정도로 가까운 '바로 앞'이라는 뜻이다. 따라서 「迎面走来」
는 '바로 앞에서 걸어오다'라는 뜻이다.

丽沙高兴极了。

리사는 매우 기뻤다.

「极了」는 형용사 뒤에 붙여 보어로 '매우 ～하다'의 뜻이다. 「高兴极了」는
'매우 기쁘다'의 뜻으로 쓰인다.

> **예** 好极了 매우 좋다.
>
> 冷极了 매우 춥다.
>
> 生气极了 매우 화나다.

47 最美的东西

在作文课上，学生们写一篇题目为 <我所见到过的最美的东西>的文章。在整个班里看起来对美最不敏感的一个学生用令人吃惊的速度第一个交了卷。这篇作文短而扼要。 他写道："我所见到过的最美的东西美得无法用语言来表达。"

1) 整个班 zhěng ge bān: 반 전체.
2) 看起来···· kànqǐlai: 보기에 ～.
3) 敏感 mǐngǎn: 민감하다.
4) 吃惊 chījīng: 놀라다.
5) 速度 sùdù: 속도.
6) 交卷 jiāo juàn: 시험지를 제출하다.

7) 短而扼要 duǎn ér èyào: 짧고 명료하다.

8) 无法 wúfǎ: 방법이 없다.

9) 用····来表达 yòng lái biǎodá: ～으로 표현해 내다.

在整个班里看起来对美最不敏感的一个学生用令人吃惊的速度第一个交了卷。

반 전체에서 보기에는 아름다움에 대해 가장 민감하지 않을 것 같은 한 학생이
놀랄 만한 속도로 일등으로 시험지를 제출했다.

「在····里」는 장소를 나타내는 전치사 「在」와 방위사인 「里」가 결합하여 범
위, 조건 또는 장소를 나타내어 '～ 속에서', '～ 가운데서'의 뜻으로 해석한다.
「整」은 '전체'라는 뜻으로 「整个班里」는 '전체 반에서'의 뜻으로 해석한다.
「看起来」는 '보아하니', '보기에'로 해석하며, 동사 뒤에 「起来」 방향보어로 써
서 어떤 측면에서 사람이나 사물에 대한 평가나 견해를 나타낸다.

　　예　看起来他没有我高。　보아하니 그는 나보다 크지 않다.

「用」은 수단을 나타내어 「用····的速度」는 '～한 속도를 쓰다'의 뜻이다.
「吃惊」은 동사로 '놀라다'의 뜻이며, 「令人吃惊」은 '사람을 놀라게 하다'의 뜻
으로 쓰인다.

我所见到过的最美的东西美得无法用语言来表达。

내가 본 것 중 가장 아름다운 것은 언어로 표현할 수 없을 정도로 아름답다.

「所＋见到过的＋最美的东西」에서 「所」는 한정어로 쓰이는 주술구조의 동사
「见」 앞에 쓰여 중심어 「最美的东西」가 동작 「见」의 객체임을 나타낸다. 따
라서 '가장 아름다운 것(最美的东西)은 내가 본(所见到过) 바에 의한 것으로
한정된다'의 의미이다.

> **예** 我所认识的人当中，她最漂亮。
>
> 내가 아는 사람 가운데 그녀가 가장 아름답다.

「无法」는 서면어이며, 구어로는 「没有方法」 '방법이 없다'의 뜻이다.
「用‥‥来」는 '～을 사용해서 ～하다'의 뜻이며, 「用语言来表达」은 '언어로
표현해 내다'의 뜻이다.

> **예** 用铅笔来写。　연필로 글씨를 쓰다.

「美」의 정도보어는 「无法用语言来表达」이며, 「美得无法用语言来表达」는 '언
어로 표현할 수 없을 정도로 아름답다'라는 뜻으로 해석한다.

 **刚刚去过动物园**

一个妈妈抱着一个小孩儿走进银行。　小孩手里拿着一块面包，直伸过去拿给营业员吃。　营业员微笑着摇了摇头。"不要这样，乖乖，不要这样！"那个妈妈对小孩说了，然后转过头来对营业员抱歉地说："对不起，请你原谅他，因为他刚刚去过动物园。"

1) 银行 yínháng: 은행.

2) 直伸过去 zhí shēnguòqu: 곧바로 뻗다.

3) 营业员 yíngyè yuán: 영업사원. 직원.

4) 微笑 wēixiào: 미소.

5) 转过头来 zhuǎn guò tóu lái: 머리를 돌리다.

6) 抱歉 bàoqiàn: 사과하다. 죄송해하다.

小孩手里拿着一块面包，直伸过去拿给营业员吃。

아이는 손에 빵을 한 조각 들고 (그 손을)쭉 뻗어 직원에게 먹으라고 했다.

「直伸过去」에서 「直」은 「一直」 '쭉', '곧바로'라는 뜻이고, 「伸」은 '뻗다'라는 동사며, 동사 뒤에 방향보어인 「过去」를 써서 건너편으로 '쭉 뻗다'라는 뜻이다. 「给＋사람＋吃」에서 「给」은 전치사로 쓰여 '～에게 먹이다'이며, 「拿给营业员吃」은 손을 뻗어 '직원에서 먹으라고 가져다준다.'의 뜻이다.

营业员微笑着摇了摇头。

직원은 미소를 지으며 고개를 저었다.

「摇头」는 '머리를 흔들다'의 뜻이며, 「동사＋목적어」로 구성된 이합동사로, 동사 부분만 겹쳐서 중첩형을 만든다. 따라서 중첩형은 「摇摇头」이다. 2음절 동사의 중첩형에는 동태조사인 「了」가 끼어들어 「摇了摇头」로 표현하며 '머리를 좀 흔들었다'로 해석한다.

不要这样，乖乖。

이러지 마! 착하지.

「不要这样」은 '이러지 마'라는 뜻으로 저지하는 의미를 나타낸다. 「不要」는 대신 「别」를 써도 된다.
「乖乖」는 아기를 달래면서 '귀엽다', '착하다'라는 뜻의 말이다.

49 学声乐的好处

张太太很得意地对朋友说："我的女儿学声乐，太令我高兴了。""怎么，是她使妳听到美妙的歌声了，还是拿到什么音乐奖了?"朋友问了。"错了，你想不到吧! 她使我很容易买到邻居的房子，而且价钱便宜了一半。这家人前天搬走了。"

1) 声乐 shēngyuè: 성악.

2) 使··· shǐ: ～로 하여금.

3) 美妙 měimiào: 아름답다.

4) 音乐奖 yīnyuè jiǎng: 음악상.

5) 便宜 piányi: 저렴하다.

6) 前天 qiántiān: 그저께.

7) 搬走 bān zǒu: 이사 가다. 옮겨 가다.

太令我高兴了。

나를 너무 기쁘게 한다.

「令」은 '누구로 하여금 ～하게 하다'의 의미를 나타낸다. 따라서 「太令我高兴了」 '나를 너무 기쁘게 했다.'의 뜻이다.

错了, ····你想不到吧!

틀렸어. 너는 생각지도 못했지.

「错了」는 '틀렸다'라는 뜻이며, 동사 없이 단독으로 표현하기도 한다.
「想不到」는 「想」'생각하다'에 가능보어를 추가한 형태로 '생각지 못했다'의 뜻이다. 「没想到」를 대신 써도 된다. 문두에 써서 '뜻밖에', '의외로'라는 의미로 해석해도 된다.

> 예 想不到这件事很快解决了。
>
> 뜻밖에 이 일은 빨리 해결이 되었다.
> 你想不到的事儿每天都在发生。
> 네가 생각지 못한 일이 매일 발생하고 있다.

她使我很容易买到邻居的房子，而且价钱便宜了一半。

그 애가 나로 하여금 쉽게 이웃집을 살 수 있게 했으며, 더욱이 가격도 반이나 싸게 되었다.

「使」는 사역동사로 '～를 시키다', '～하게 하다'라는 의미로 쓰인다.

> 예 朋友和同事的帮助，使他感到莫大的安慰。

친구와 동료들의 도움은 그에게 커다란 위로가 되었다.

「而且」는 접속사로 '또한', '그리고'의 의미를 가지며, 복문을 연결하여 몇 개의 동작이 동시에 진행되거나, 몇 가지의 성질이 동시에 존재함을 나타낸다. 주로 「不但/不仅····, 并且/而且····」의 문형으로 쓰인다.

예 我不仅去过长城, 而且去过三次。

나는 장성을 가 봤을 뿐 아니라 세 번을 갔었다.

50 此路不通

一位老人去法国看儿子，他不会说法语。 一天他想去外边逛逛，可又不想打扰儿子，就一个人出门了。他看到儿子家前边的路口有一个牌子， 他以为牌子上写着的就是儿子家的地址， 就把牌子上的字一字不改写在纸条上了。 回来时，他把这张纸条交给汽车司机看，司机看到纸条上写着'此路不通'。

1) 此路不通 cǐ lù bù tōng: 통행 불가.

2) 逛 guàng: 구경하다.

3) 打扰 dǎrǎo: 방해하다.

4) 路口 lùkǒu: 길목.

5) 牌子 páizi: 팻말.

6) 地址 dìzhǐ: 주소.

7) 一字不改 yí zì bù gǎi: 한 글자도 고치지 않다.

8) 纸条 zhǐtiáo: 종이쪽지.

9) 交给…· jiāogěi: ～에게 건네주다.

10) 司机 sījī: 운전기사.

不想打扰儿子, 就一个人出门了。

아들을 귀찮게 하고 싶지 않아서 그냥 혼자 문을 나섰다.

「不想…·」은 '～할 생각이 없다', '하고 싶지 않다'의 뜻이다.
「打扰」는 남의 일을 '방해하다', '지장을 주다'의 뜻이며, 여기서 「不想打扰你」는 '너를 방해하고 싶지 않다'의 뜻으로 해석되며, 일상생활에 자주 쓰이는 표현이다.

예 ① 打扰你了, 再见。 폐를 끼쳤습니다. 안녕히 계세요.
② 对不起, 打扰你一下。 죄송하지만 폐를 좀 끼치겠습니다.

예 ①은 폐를 끼치고 나서 인사로 하는 말이고, 예 ②는 폐를 끼치기 전에 사용하는 인사말이다.

「一个人」은 '혼자', '스스로'라는 뜻이다. 따라서 「一个人出门」은 '혼자 집을 나서다', '혼자서 외출하다'의 뜻이다.

把牌子上的字一字不改写在纸条上了。

표지판에 있는 글자를 한 글자도 고치지 않고 종이에 적었다.

「一字不改」는 '한 자도 고치지 않는다'의 뜻이다. 여기서 「一字不改写在纸条
上」은 '한 자도 고치지 않고 그대로 종이에 적었다'의 뜻이다.

列车员叫醒了睡在窗户边的旅客。

列车员："先生，我来查票，您的票拿给我看看?"

旅客："票，我没票。"

列车员："没票? 那么你去哪儿?"

旅客："我哪儿也不去。"

列车员："那你为什么要上车?"

旅客："我根本没有要上车的意思，我是来接人的，当你喊'大家都上车'时，声音那么大，吓得我不得不上车了。"

1) 不得不····bù de bù: 하는 수 없이~. 부득불~.

2) 列车员 lièchē yuán: 열차원.

3) 叫醒 jiàoxǐng: 불러 깨우다.

4) 旅客 lǚkè: 여객.

5) 查票 chá piào: 표를 검사하다.

6) 没有····的意思 méiyǒu de yìsi: ~할 의사가 없다.

7) 接人 jiē rén: 사람을 마중하다.

我哪儿也不去。

아무 데도 안 가요.

「哪儿」은 어떤 불특정한 장소를 가리키며 다수를 지칭하는 의미를 포함한다.
「也不····」을 추가하여 「哪儿也不去」는 '아무 데도 가지 않는다'의 뜻으로
전혀 갈 생각이 없음을 말한다.

> 예 晚上我们到哪儿去玩玩。
>
> 저녁에 우리 어디로 가서 좀 놀자.
>
> 咱们好像在哪儿见过, 是不是？
>
> 우리가 어디서 만난 적이 있는 것 같은데, 그렇죠?
>
> 太晚了, 我哪儿也不想去。
>
> 너무 늦어서 나는 아무 데도 가고 싶지 않다.

我根本没有要上车的意思，我是来接人的。

나는 전혀 차에 오를 의사가 없었고, 나는 사람을 마중하러 왔다.

「没有····的意思」 '～할 의사가 없다'의 뜻이다. 내가 한 말이나 행동의 의미가 잘못 전달되었을 때 「没有····的意思」 '～하려는 뜻이 아니다'라고 말하며 오해를 풀면 된다.

> 예　我说的不是那个意思。
>
> 　　내가 한 말은 그 뜻이 아니다.
>
> 　　我没有别的意思，只是来看你。
>
> 　　나는 다른 생각이 있는 것이 아니라, 단지 너를 보러왔을 뿐이다.

「接人」은 「接」 뒤에 사람이 오면 그 사람을 '마중하다', '맞이하다'의 뜻이며, 반대어로는 「送人」 '전송하다'가 있다.

声音那么大，吓得我不得不上车了。

소리가 너무 크다 보니 놀라서 나는 차에 오르지 않을 수 없었다.

「不得不····」은 '～ 하지 않으면 안 된다', '반드시 ～해야 한다' 하는 수 없다는 의미로 「只好」와 「只能」의 의미와 같다.

> 예　我不得不同意了。
>
> 　　나는 부득불 동의했다.(나는 동의하지 않을 수 없었다.)

「吓得」는 「吓＋得＋정도보어」 구조로 '～하지 않을 수 없을 정도로 놀랐다'의 뜻이다.

> 예　他跑得很快。　그는 빨리 달린다.(그가 달리는 정도가 빠르다.)
>
> 　　我骑得不太好。　나는 잘 못 탄다.

52 有借无还

我们与小张夫妇住隔壁已经好几年了。 我们像所有当邻居的人那样，有时互相借东西用。 可是，我的丈夫常是有借无还的。 一天，小张说："小王，把我的锯子放到你的仓库里好吗?" "为什么?" 我丈夫问。 小张说："我喜欢把我的工具都放在一起。"

1) 有借无还 yǒu jiè wú huán: 빌려 가면 되돌려 주지 않는다.
2) 隔壁 gébì: 이웃. 옆.
3) 互相 hùxiāng: 상호 간. 서로.
4) 锯子 jùzi: 톱.
5) 仓库 cāngkù: 창고.
6) 工具 gōngjù: 공구.

我们像所有当邻居的人那样，有时互相借东西用。

우리는 모든 이웃처럼 어떤 때는 서로 물건을 빌려 쓴다.

「所有」'모든', '일체'의 뜻으로 같은 종류의 것 '모두 다'를 의미한다.
「像····那样」에서 「像」은 '닮았다'라는 뜻인데, 「一样/那样/这样」과 함께 써서 비교문형이 된다. 주로 사람이나 사물이 서로 닮았다는 것을 나타내며, '～처럼 저렇게/이렇게'라는 뜻이다.
「互相借东西用」에서 「互相」은 '서로'라는 뜻이고 주거니 받거니 하며 '서로 물건을 빌려서 쓴다.'라는 뜻이다.

我的丈夫常是有借无还的。

내 남편은 늘 자주 빌리면 되돌려 주지 않는다.

「有借无还」은 넉 자로 묶어 써서 직역을 하면 '빌리는 것은 있고 돌려주는 것은 없다', 즉 '빌려 가면 돌려주지 않는다'의 뜻이다. 중국에 「有借有还, 再借不难」이라는 속담이 있는데 '빌려 가서 돌려주면 다음에 빌리기가 쉽다'라는 뜻이다.

我是这辆车的司机

一辆载满乘客的公共汽车沿着下坡路快速前进着。

有一个人在后面紧紧地追赶着这辆车子。 一个坐在

这辆车上的乘客从车窗中伸出头来对追车子的人说:

"老兄! 算啦! 你是追不上的! 坐下一班吧!""我必须

得追上它。" 这人气喘吁吁地说:"我是这辆车的司

机。"

1) 载满乘客 zàimǎn chéngkè: 승객을 가득 태우다.

2) 沿着···· yánzhe: ～따라.

3) 下坡路 xiàpō lù: 내리막길.

4) 快速 kuài sù: 빠른 속도.

5) 紧紧地 jǐnjǐn de: 바짝.

6) 追赶 zhuīgǎn: 쫓아가다.

7) 伸出头来 shēn chū tóu lai: 머리를 내밀다.

8) 算啦! suàn la: 됐다.

9) 追不上 zhuī bu shang: 쫓아갈 수 없다.

10) 下一班 xià yi bān: 다음 차.

11) 气喘吁吁 qìchuǎn xūxū: 숨이 가빠서 씩씩거리다.

乘客从车窗中伸出头来对追车子的人说:

승객이 차 창문으로 머리를 내밀고는 차를 쫓아오고 있는 사람에게 말하기를:

「从」은 '~에서부터'의 뜻으로 공간적인 개념을 나타내어 「从····中····」은 '~가운데서부터 ~'의 뜻이다.

「伸出头来」는 「伸头」 '머리를 내밀다'와 방향보어 「出来」를 붙여 '머리를 밖으로 내밀다'의 뜻이다.

「从车窗中伸出头来」는 '차 창문으로부터 머리를 내밀다'의 뜻으로 해석한다. 「对····说」에서 「说」은 반드시 전치사인 「对」를 써서 '~에게 말하다'의 뜻으로 표현된다.

算啦! 你是追不上的! 坐下一班吧!

그만 하지요! 당신은 쫓아올 수 없어요. 다음 차를 타세요.

「算啦!」은 '됐다', '그만두다'의 뜻으로 '더 이상 왈가왈부하지 않다', '그런대로 그냥 넘기다'라는 의미를 지닌다.

예 算了，别再问了。　그만두어라. 더 이상 묻지 마라라.

「追不上」에서 「追」는 ‘쫓아가다’의 뜻이며, 가능보어를 써서 「追不上」은 ‘쫓아갈 수 없다’의 뜻이다. 반대어는 「追得上」 ‘쫓아갈 수 있다’이다
「下一班」: 버스나 기차, 비행기 등 정기노선의 회수와 순서를 「班」으로 표현하며, 「下一班车」는 ‘다음 시간 차’라는 뜻이다.

54 穷老太太卖冰淇淋

儿子向妈妈说："妈妈，给我点儿钱行吗？" 妈妈问："你要钱干什么用呢？" 儿子说："我想把钱送给胡同口那个正在喊叫的穷老太太。" 妈妈听了，为儿子有如此善良的心地感到高兴， 马上从口袋里拿出钱递给儿子，用很可怜的表情问："那个老太太在喊叫什么呢？" 儿子说："快来买冰淇淋！有香草的，也有草莓的。"

1) 穷 qióng: 가난하다.
2) 老太太 lǎo tàitai: 할머니.
3) 冰淇淋 bīngqílín: 아이스크림.
4) 胡同(儿) hútòngr: 골목.

5) 如此 rúcǐ: 이와 같다. 이러하다.

6) 心地善良 xīndì shànliáng: 마음씨가 선량하다.

7) 口袋 kǒudài: 주머니.

8) 递给···· dì gěi: ~에게 건네주다.

9) 用····表情 yòng biǎoqíng: ~한 표정으로.

10) 香草 xiāngcǎo: 바닐라.

11) 草莓 cǎoméi: 딸기.

为儿子有如此善良的心地感到高兴。

아들이 이와 같은 선량한 마음씨를 가지고 있는 것에 대해 매우 기뻐했다.

「为」는 '~을 위해서'라는 뜻으로, 동작이나 행위의 목적, 동기를 나타낼 수 있다. 「为」는 수익자를 이끄는 역할을 하며, 주어 뒤에 놓여 원인을 이끌기도 하고, 뒤에 「而」이나 「起见」을 대동하여 목적을 이끌기도 한다.

「如此」는 '이렇게'의 뜻으로 동사나 형용사 앞에 쓰여, 어떤 상황을 강조하거나 긍정한다. 주로 서면어에 쓰이고 구어체로는 「这么」, 「这样」을 쓴다.

예 如此聪明的孩子很少见。 이렇게 총명한 아이는 보기 드물다.

用很可怜的表情问:

연민에 찬 표정으로 묻기를:

「用」은 수단을 나타낸다. 「用····的表情」은 '~한 표정을 써서', 의역을 하면 '~한 표정을 지어'의 뜻이다.

55 机器损坏，停止使用

我把车开到一个加油站，看见一台自动贩卖机，上面标着汽水十美元一瓶的标价。 我问业主，这个标价是否是真的， 哪儿能卖这么贵， 存心是在骗人的。 "不， " 店主回答，"这台机器坏了。 我在机器上面贴了个'机器损坏，停止使用'的牌子， 可人们还是往里投放钱币，过后又抱怨我。 自从我放了这块牌子，再也没有人往里面扔钱了。"

1) 机器 jīqì: 기계.

2) 损坏 sǔnhuài: 고장이 나다. 손상되다.

3) 使用 shǐyòng: 사용하다.

4) 加油站 jiāyóu zhàn: 주유소.

5) 自动贩卖机 zìdòng fànmài jī: 자동판매기.

6) 汽水 qìshuǐ: 사이다.

7) 标 biāo: 표시하다.

8) 标价 biāojià: 표시 가격.

9) 哪儿能····这么···· nǎr néng zhème: 어떻게 이렇게 ~할 수가 있는가.

10) 存心···· cúnxīn: ~할 속셈이다.

11) 骗人 piànrén: 남을 속이다.

12) 投放 tóufàng: 투입해 넣다.

13) 钱币 qiánbì: 돈.

14) 自从···· zìcóng: ~부터.

这个标价是否是真的，哪儿能卖这么贵，存心是在骗人的。

이 표시된 가격이 진짜인지? 어떻게 이렇게 비싸게 팔 수 있는지? 사람을 속이려는 속셈이다.

「是否」는 「可否」, 「能否」 등과 마찬가지로 쓰이며, 「是不是」, 「可不可以」, 「能不能」 등의 정반의문문 형식과 같은 역할을 한다.

> 예 你能否答应我的请求？ 당신은 나의 부탁을 들어줄 수 있습니까?
>
> 他是否一个人来？ 그는 혼자서 옵니까?
>
> 你可否把书借给我看看？ 너 책을 내가 보게 빌려 줄 수 있니?

「哪儿能····这么····」은 '어떻게 이렇게 ~할 수가 있는가?'라는 뜻으로 반어문 형식이다.

예 他哪儿能这么说话呢? 그는 어떻게 이렇게 말을 합니까?

「存心」은 부사로 '고의로', '일부러', '알면서도'의 뜻으로 나쁜 생각이든 좋은 생각이든 어떤 '생각을 품다'의 뜻이다.

예 他存心在为难我。 그가 고의로 날 힘들게 하고 있다.
你存心在气我。 네가 작정을 하고 내 화를 돋우는구나.

我在机器上面贴了个'机器损坏, 停止使用'的牌子。

내가 기계에다가 '기계고장, 사용금지'라는 팻말을 붙였다.

「机器损坏, 停止使用」은 넉 자로 뜻을 함축시켜 표어에 쓰인다. '기계가 손상을 입어 고장이 났으니, 사용을 멈추어 주세요.'라는 말이 '기계고장, 사용금지'라는 뜻을 나타내는 게시문이 된다.

自从放了这块牌子, 再也没有人往里面扔钱了。

이 팻말을 놓고 나서부터 더 이상 안으로 돈을 넣는 사람이 없었다.

「自从」은 전치사로 '~에서', '~부터'의 뜻으로 시간의 기점을 나타내며, 과거 시제만을 가리킨다.

예 自从去北京进修了以后, 汉语水平有了很大的提高。
베이징으로 연수를 간 이후부터 중국어 능력에 큰 향상이 있게 되었다.

56 有理由的笑容

当我开始管理一个餐厅的第一天， 我发现一位服务员总是面带笑容。 客人怎么麻烦他，他总是以笑容相对， 所以我决定去问个究竟。 "你一定是个乐天派，" 我说。 "你为什么老是笑口常开?" 他收起笑容，用手指向前额，回答: "其实, 这是我工作时不使我的眼镜掉下来的唯一方法。"

1) 有理由 yǒu lǐyóu: 이유가 있다.

2) 管理 guǎnlǐ: 관리하다.

3) 餐厅 cāntīng: 식당.

4) 面带笑容 miàn dài xiàoróng: 얼굴에 미소를 띠고 있다.

5) 以···相对 yǐ xiāngduì: ～로 서로 대응하다.

6) 究竟 jiūjìng: 결말. 도대체.

7) 乐天派 lètiān pài: 낙천파. 낙천주의.

8) 笑口常开 xiào kǒu cháng kāi: 항상 웃음이 만개하다.

9) 前额 qiáné: 이마.

10) 其实···· qíshí: 사실은～. 솔직히～.

11) 眼镜 yǎnjìng: 안경.

12) 掉下来 diào xiàlai: 떨어지다.

13) 唯一 wéiyī: 유일하다.

客人怎么麻烦他, 他总是以笑容相对。

손님이 아무리 그를 귀찮게 해도, 그 사람은 항상 웃음으로 대한다.

「怎么＋동사＋总是····」는 '아무리 ～해도 늘 ～하다'의 의미로 쓰이며, 「怎么麻烦他, 他总是····」는 '아무리 그를 귀찮게 해도, 그는 항상～'의 뜻이다. 「以」는 '～로서', '～을 가지고'라는 뜻으로 근거와 방식을 이끌어 내는 전치사이다. 「以····相对」 '～(태도)로서 대하다'의 뜻이다.

我决定去问个究竟。

나는 도대체 왜 그런지 물어보기로 결정했다.

「究竟」은 명사로는 '결말', '결과'의 뜻이고, 부사로는 '도대체', '대관절', '필경', '결국', '어쨌든'이라는 뜻이다. 이 구문에서 명사로 쓰여, 「问个究竟」은 '결말을 묻고 싶다', '도대체 어떻게 된 것인지를 묻고 싶다'의 뜻이다.

> 예　大家都想知道个究竟。　모두들 결말을 알고 싶어 한다.

你为什么老是笑口常开?

당신은 왜 늘 웃음이 만개해 있어요?

「老是」는 부사로 '늘', '항상'의 뜻이며, 변하지 않고 지속되거나 계속적으로 반복해서 나타나는 경우를 말한다. 유사어로는 「经常」, 「总是」가 있으며, 「老是」는 구어의 어감을 띤다.

> **예** 他老是在屋子里抽烟, 真受不了。
>
> 그는 늘 방에서 담배를 피우니 정말 견딜 수 없다.

「笑口常开」는 성어로 '웃음이 만개하다'의 뜻이다.

他收起笑容, 用手指向前额。

그는 웃음을 거두고 손으로 이마를 가리켰다.

「收起笑容」은 '웃음을 거두다'의 뜻이다. 「面带笑容」은 '얼굴에 웃음을 띠다'라는 뜻이다.

其实, 这是我工作时不使我的眼镜掉下来的唯一方法。

사실 이것은 내가 일할 때 내 안경이 흘러내리지 않게 하는 유일한 방법이다.

「其实」은 부사로 '사실은', '실제로'의 뜻이다. 「其实」의 전 문장을 뒤 문장에서 한 층 더 설명, 수정, 보충하는 의미를 나타내며, 역접의 어감을 띠고 있다.

> **예** 这个问题看起来很简单, 其实并不容易。
>
> 이 문제는 보기는 간단하나 사실 결코 쉽지가 않다.

「使····掉下来」는 '~로 하여금 떨어지게 하다'의 뜻이다.

57　当了总统之后

一位来自美国的黑人哥们儿皮特跟我说:"考完试我得赶紧回美国去。" 我问他干麻这么着急。 他说他得赶在大选前回去,准备参加总统竞选,当美国历史上第一位黑人总统。 看着他一本正经的样子,我真差一点把他当成了曼德拉的嫡系传人。 我忍着不笑,问他:"那你当了美国总统,第一件事想干什么?" 皮特不加思索,脱口而出:"先把白宫改成黑宫!"

1) 总统 zǒngtǒng: 대통령.

2) 来自···· lái zì: ～로부터 왔다.

3) 美国 Měiguó: 미국.

4) 黑人 hēirén: 흑인.

5) 哥们儿 gēmenr: 남자를 친숙하게 부르는 호칭. 사이좋은 친구.

6) 皮特 Pítè: 피터(미국인 이름).

7) 赶紧 gǎnjǐn: 서둘러. 급히.

8) 干麻这么···· gànmá zhème: 왜 이토록(이렇게) ～하니.

9) 大选 dàxuǎn: 선거. 대선.

10) 竞选 jìngxuǎn: 경선.

11) 差一点 chàyidiǎn: 하마터면.

12) 曼德拉 Màn dé lā: 만델라.

13) 嫡系 díxì: 직계.

14) 传人 chuánrén: 계승자.

15) 不加思索 bù jiā sīsuǒ: 깊이 생각하지 않다.

16) 脱口而出 tuō kǒu ér chū: 입에서 나오는 대로 말하다.

17) 白宫 báigōng: 백악관.

18) 改成···· gǎichéng: ～으로 고치다.

19) 黑宫 hēigōng: 흑악관.

考完试我得赶紧回美国去。

시험을 마치자마자 나는 미국으로 서둘러 돌아가야만 한다.

「得」의 발음은「děi」로 「要」의 의미와 같은 '해야만 하다'의 뜻을 나타내는 능원동사이다. 따라서

「得赶紧回去」는 '서둘러 돌아가야만 한다'의 뜻으로 해석한다.

干麻这么着急?

무엇이 그렇게 급하니?

「干麻」는「干什么」의 줄인 말이며 구어체의 표현으로 '왜'의 뜻이다. 따라서 조급해 보이는 사람에게「干麻这么着急?」'왜 이리 조급해합니까?'라고 말한다. 또한 반어문 형식의 표현법에서 '조급해할 필요가 없다'는 의미를 강조할 때도 이렇게 표현하면 된다.

看着他一本正经的样子，我真差一点把他当成了曼德拉的嫡系传人。

그의 진지한 모습을 보고 나는 하마터면 정말로 그가 만델라의 직계 계승자로 여겼다.

「一本正经」은 성어로 '태도가 단정하다', '진지하다', '엄숙하다', '정색하다'라는 뜻이 있고 가끔은 상대방을 풍자하는 의미로 쓰이기도 한다.
「差(一)点儿」은 '가까스로', '간신히', '하마터면', '자칫하면'의 뜻이다.

●「差点儿」의 주요 용법:
① 일어났으면 하는 일이 실현됨:
「差点儿＋没/不」'～할 것 같지 않았는데 운 좋게 ～하다'라는 뜻으로 화자가 실현되기를 희망했던 일이 다행스럽게도 실현된 것을 나타낸다.

> **예** 这次考试差点儿不及格。
>
> 이번 시험에 하마터면 합격하지 못할 뻔했다.
>
> (합격했다.)

② 바라지 않은 일이 실현되지 않음:
「差点儿＋(没/不)」바라지 않던 일이 일어날 뻔했으나 다행히 실현되지 않았음을 나타낸다.

> **예** 那件事差点儿出了错。

그 일은 하마터면 착오가 날 뻔했다.

(다행히 착오가 생기지 않았다.)

③ 희망하던 일이 아쉽게 실현되지 않음:

「差点儿」일어났으면 하는 일이 일어날 뻔했으나 아쉽게도 하지 못했음을 나타낸다.

예 我差点儿中了奖。

나는 잘하면 상에 당첨 될 뻔했다.

(아쉽게도 당첨되지 못했다.)

「把他当成‥‥」은 동사 뒤에 결과보어인 「成」을 써서 '그를 ～(직책, 신분)로 여기다'의 뜻이다.

不加思索, 脱口而出。

더 생각하지 않고 입에서 나오는 대로 말했다.

「不加思索」은 '생각을 진지하게 하지 않다.'는 의미의 성어이다.
「脱口而出」은 직역하면 '입을 벗어나 나오다', 즉 '바로 입으로 나오다'의 뜻이다. 따라서 「不加思索, 脱口而出」은 '생각을 더 하지 않고 바로 입에서 튀어나오다'의 뜻으로 해석한다.

58　有过五个女婿了

两个老人在谈话，一个在发牢骚，另外一个老人问："你怎么愁眉苦脸的，有什么不顺心的事儿吗?" "哎! 怎么能不发愁呢? 我有五个女儿，可至今连一个女婿也没有。" "哈哈! 要是你处在我的位置，那才会发愁呢。 我倒是只有一个女儿，可已经有过五个女婿了。"

1) 女婿 nǚxù: 사위.

2) 谈话 tánhuà: 이야기를 나누다.

3) 发牢骚 fā láosāo: 불평을 털어놓다.

4) 愁眉苦脸 chóuméi kǔliǎn: 울상을 짓다. 수심이 얼굴에 가득하다.

5) 不顺心 bú shùnxīn: 마음이 편치 못하다.

6) 发愁 fāchóu: 고민하다.

7) 至今 zhìjīn: 지금까지.

8) 连····也(都) lián yě(dōu): ～조차도 ～하다.

9) 处在····位置 chǔ zài wèizhì: ～지경(상황, 위치)에 놓이다.

你怎么愁眉苦脸的, 有什么不顺心的事儿吗?

당신은 왜 수심이 얼굴에 가득해요. 무슨 마음이 편치 않은 일이 있어요?

「愁眉苦脸」은 성어로 걱정이 있는 사람을 표현할 때 쓰이며, '얼굴에 수심이 가득하다'라는 뜻이다.

「什么」는 임의의 것을 지칭하며, 「有什么····事儿吗?」 '무슨 일 있니?'라고 걱정이 있는지를 물을 때 쓰인다.

怎么能不发愁呢?

어찌 고민이 안 되겠어요?

「怎么能不····呢?」는 의문문을 사용한 반어문으로 '어떻게 ～을 안 할 수 있나?'의 뜻이며, 부정으로 표현하면 바로 긍정을 강조하는 의미이다. 따라서 '고민이 되다'는 말을 강조하기 위해 반대로 '어찌 고민이 안 되겠나?' 바로 '매우 고민이 되다'의 뜻이다.

> **예** 这么好的事, 怎么能不高兴呢?
>
> 이렇게 좋은 일이 있는데, 어찌 기쁘지 않을 수 있겠는가?

至今连一个女婿也没有。

지금까지 아직 사위라곤 하나조차도 없어요.

「连……也」는 「连」 뒤의 「也」, 「都」, 「还」과 호응하여 그 사이에 있는 단어나 구를 강조한다. '～조차도', '～마저도', '～까지도'의 의미를 가진다. 강조를 나타내는데, 특히 발생 가능성이 희박한 상황을 강조한다. 따라서 「连一个女婿也没有」는 '사위라곤 하나조차도 없다'의 뜻으로 해석한다.

> **예** 这个字连小孩子都知道。　이 글자는 어린아이조차도 다 안다.

要是你处在我的位置，那才会发愁呢。

만약 당신이 내 처지에 놓여 있다면 그거야말로 걱정이죠.

「处在……位置」는 '～위치에 처해 있다'의 뜻이다. 여기서 「处」는 동사라 「chǔ」로 발음한다.

59 只有一个警察

1) 一道 yídào: 함께.
2) 处于···· chǔyú: ～상황에 처해 있다.
3) 感兴趣 gǎn xìngqù: 흥미를 느끼다.
4) 年龄 niánlíng: 나이.

5) 提问题 tí wèntí: 질문을 하다.

6) 瞧 qiáo: 보다.

7) 看成···· kàn chéng: ～로 보다. ～로 여기다.

8) 算···· suàn: ～한 셈 치다.

这孩子正处于那种对什么事都很感兴趣的年龄。

이 아이는 마침 어떤 일이든 흥미를 느끼는 그런 나이에 놓여 있었다.

「正」은 '마침', '바로'의 뜻으로 일이 때마침 적합함을 나타낸다.

「于」는 시간과 장소를 나타내는 전치사로 '～(장소/시간)에'의 뜻이다. 이 문장에서 「处于····年龄」은 '～나이에 처해 있다'라는 뜻으로 해석한다.

「对什么事都····」 구에서 「什么」는 의문대명사의 파생용법으로 '임의', '어떤 것'의 뜻이며, 다수를 나타내기에 뒤에 부사인 「都」를 써서 「对什么事都····」는 '어떤 일에 대해 다 ～하다'의 뜻으로 해석한다.

他老是有提不完的问题。

질문할 것이 끝없이 자꾸 생겼다.

「提问题」는 '문제를 제기하다'의 뜻이며, 주로 방향보어인 「出」을 동사 「提」 뒤에 넣어 「提出问题」 '문제를 제기해 내다'의 뜻이 된다. 「提不完的问题」은 '끊임없이 제기되는 문제'라는 뜻이다.

如果我把他们看成了四个, 那么我就算醉了。

만약 내가 그들을 네 명으로 보았다면 그것은 바로 취했다는 것이다.

「把A看成B」 구에서 「成」은 「看」의 결과보어로 '이루다'는 뜻이며, 「把A看成B」는 'A를 B로 보다', 'A를 B로 여기다'의 뜻이다.

「····就算醉了」에서 「算」은 '～라고 여기다', '～인 셈 치다'의 뜻으로 「就算醉了」는 '취한 셈 치다'의 뜻으로 해석된다.

 **60** 两根棒子会把我饿死

有一个著名的指挥家在东京举办演奏会。 会后被日本朋友请去吃晚饭，席上只摆着筷子，而没有摆刀叉等西餐餐具。 指挥家拿起一双筷子就去夹菜，没想到左夹右夹，菜就是夹不起来。 最后他盯着手中的筷子说："一根棒子可以让我发财，而两根棒子看来会把我饿死。"

1) 棒子 bàngzi: 방망이. 막대기.
2) 饿死 èsǐ: 굶어 죽다.
3) 著名 zhùmíng: 저명하다.
4) 指挥家 zhǐhuī jiā: 지휘가.

5) 东京 Dōngjīng: 도쿄.

6) 举办 jǔbàn: 개최하다.

7) 演奏会 yǎnzòu huì: 연주회.

8) 摆 bǎi: (차려)놓다.

9) 筷子 kuàizi: 젓가락.

10) 刀叉 dāochā: 칼과 포크.

11) 西餐 xīcān: 양식.

12) 餐具 cānjù: 식기.

13) 夹菜 jiā caì: 음식을 집다.

14) 左···右··· zuǒ yòu: 이리하고 저리하다.

15) 盯 dīng: 시선을 한곳에 집중하다. 응시하다.

16) 发财 fācái: 재산이 늘어나다.

17) 看来 kànlái: 보아하니.

席上只摆着筷子，而没有摆刀叉等西餐餐具。

식탁에는 젓가락만 놓여 있고 칼과 포크 같은 양식 식기는 없었다.

「只A而没有B」구에서 「只」는 '오직', '단지'의 뜻으로 이것 외에 다른 것은 없음을 말한다. 접속사 「而」 '오히려'로 역접의 의미를 이끌어 'A만 있고 오히려 B는 없다'의 뜻으로 해석한다. 따라서 「只摆着···, 而没有摆···」는 '～만 놓여 있고, 오히려 ～는 없다.'의 뜻으로 해석한다.

没想到左夹右夹，菜就是夹不起来。

생각지 못하게 이리 집어도 저리 집어도 음식을 집어 올릴 수가 없었다.

「左A右A」 A 위치에는 같은 동사를 쓰며, 같은 행위가 반복됨을 강조한다. '저쪽에서도 이쪽에서도', '빈번히' 또는 '어느 쪽으로부터 해도', '이리저리'라는 뜻을 가지며, 「左A右A, 就是A不····」은 '이리저리 아무리 A를 해도 A를 할 수 없다'의 뜻으로 해석된다.

> **예** 左想右想, 就是想不起来。　이리저리 생각해도 생각이 나지 않는다.

一根棒子可以让我发财, 而两根棒子看来会把我饿死。

나무 한 가닥이 나를 부자로 만들었는데, 나무 두 가닥이 나를 굶어 죽게 만들려나 보다.

「看来」는 '보기에', '보아하니'의 뜻으로 판단이나 평가, 견해를 나타낼 때 문두에 쓰인다.

> **예** 看来我们不用担心了。　보아하니 우리는 걱정 안 해도 되겠다.

睡裤的系带不见了

清晨，一个先生脸色苍白。 他的妻子关心地问：“怎么，不舒服吗?” “昨天夜里，我做了个梦，我去意大利旅游， 而且还品尝了意大利细面条。” 妻子说：“这有什么让你感到不安的?” “可是早上起来，我却发现我睡裤的系带不见了。” 先生说。

1) 睡裤 shuìkù: 파자마.

2) 系带 xìdài: 묶는 끈.

3) 清晨 qīngchén: 이른 새벽.

4) 脸色苍白 liǎnsè cāngbái: 얼굴색이 창백하다.

5) 做梦 zuò mèng: 꿈을 꾸다.

6) 意大利 Yìdàlì: 이태리.

7) 旅游 lǚyóu: 여행하다.

8) 品尝 pǐncháng: 맛보다.

9) 意大利细面条 Yìdàlì xì miàntiáo: 스파게티. 이태리 국수.

10) 感到不安 gǎndào bù ān: 불안해하다.

这有什么让你感到不安的?

이것이 당신을 불안하게 만들게 무엇이 있어요?

「有什么····(的)」는 의문사를 사용한 반어문으로 '별것 없다', '대단할 것 없다'의 뜻으로 쓰이며, 문미에 「呢?」를 붙여도 된다. 따라서 「这有什么让你感到不安的?」은 '네가 불안하게 느낄 것이 머가 있어?'라는 뜻이고, '불안할 것 없다', '별일 아니다'라는 의미이다.

一位老太太搭乘一辆公共汽车， 她把她的半价票扔进票箱里。司机马上要求她出示半价证明。她气愤地向司机摇晃着她的老年乘车半价证，说："我都快八十了，你还要查看证件，才相信。"几秒钟后，她转怒为喜，面带笑容地对旁座的乘客说："不过，这事确实会让我高兴一阵子。"等她下车后，司机转向乘客说："我偶尔干这么一次，让老人高兴一下。"

1) 搭乘 dāchéng: 탑승하다.

2) 半价票 bànjià piào: 반값 표.

3) 扔进···· rēngjìn: ～에 던져 넣다.

4) 票箱 piào xiāng: 표 상자.

5) 出示 chūshì: 제시하다. 내보이다.

6) 气愤 qìfèn: 분개하다.

7) 摇晃 yáohuàng: 흔들거리다.

8) 都快····了 dōu kuài le: 벌써 ～가 거의 다 되었다.

9) 查看 chá kàn: 조사해 보다.

10) 证件 zhèngjiàn: 신분증. 증명서.

11) 相信 xiāngxìn: 믿다.

12) 秒 miǎo: (시간)초.

13) 转怒为喜 zhuǎnnù wéi xǐ: 노여움이 기쁨으로 바뀌다.

14) 面带笑容: 얼굴에 미소를 띠다.

15) 确实 quèshí: 확실히.

16) 一阵子 yí zhènzi: (동작의 양사) 한 차례.

17) 偶尔 ǒuěr: 어쩌다. 가끔.

我都快八十了，你还要查看证件，才相信。

내가 벌써 팔십이 거의 다 되었는데, 아직도 증명서를 조사해 봐야 비로소 믿
다니.

「快····了」는 동작의 임박형으로 '곧 ～하다'의 뜻이며, 어떤 동작이나 상황이
가까운 시간 안에 곧 발생함을 나타낸다. 같은 의미로 「要····了」, 「就要····
了」, 「将要····了」가 있다. 「快(要)····了」는 구어체에서 많이 쓰이며, 「快
(要)····了」 사이에는 동사뿐 아니라 다가올 상황을 나타내는 형용사나 시간사

도 올 수 있다. 여기서 「都快八十了」는 '벌써 80이 다 되어 간다'라는 뜻이다.

> **예** 快放暑假了。　곧 여름방학이다.
>
> 　　快秋天了。　곧 가을이다.

「要····才」는 '～을 해야만이 비로소 ～하다'는 뜻이며, 조건과 결과를 나타내는 복문을 이룬다. 따라서 「要查看证件, 才相信」은 '증명서를 검사해 봐야만이 비로소 믿는다'라는 뜻으로 해석한다.

这事确实会让我高兴一阵子。

이 일은 확실히 나를 한참동안 기쁘게 만든다.

「确实」은 '확실히', '정말로'라는 뜻의 부사다.
「一阵子」는 '한 차례'라는 뜻으로 일정한 시간에 짧게 이루어지는 동작을 나타내는 동량사이다. 따라서 「让我高兴一阵子」는 '나를 한참동안 기쁘게 한다.'라는 뜻이다.

我偶尔干这么一次, 让老人高兴一下。

나는 어쩌다 이렇게 한 번씩 함으로써 노인들을 기쁘게 한다.

「偶尔」는 시간을 나타내는 부사로 '이따금', '간혹', '때때로'의 뜻이며, 「有时候」의 뜻과 같다.
「干」 임의의 '어떤 일을 하다'라는 뜻이다. 따라서 「偶尔干这么一次」는 '이따금 이렇게 한 번 하다'의 뜻이다.

没写地址

爸爸让儿子去邮局寄信。 儿子走了以后爸爸才想起信封上忘记写上地址了。 爸爸心想，儿子发现信封上没有地址，一定会拿回来的。 等儿子回来，爸爸赶忙问："你发现信封上没有地址，不会把它投进邮筒了吧?" 儿子回答："已经投了，没写地址我倒是早就发现了。" 爸爸急着说： "那你为什么不拿回来呢?" 儿子却说："我以为你不写地址是不想让我知道信是寄给谁的。"

1) 地址 dìzhǐ: 주소.
2) 邮局 yóujú: 우체국.

3) 寄信 jì xìn: 편지를 부치다.

4) 赶忙 gǎnmáng: 서둘러. 급히.

5) 信封 xìnfēng: 편지 봉투.

6) 邮筒 yóutǒng: 우체통.

7) 投 tóu: 넣다. 던지다.

8) 早就 zǎojiù: 일찍이. 벌써.

你不会把它投进邮筒了吧?

너는 그것을 우체통에 넣지는 않았겠지?

「不会……吧?」는 의심하는 말투로 '그럴 리가 없지?', '설마 그럴 리가 있겠어?'라고 하는 표현이며, 발생하지 않기를 바라는 심정이 담겨 있다.

> **예** 他不会这么早就回来吧。　그가 설마 이렇게 일찍 돌아올 리가 없다.

没写地址我倒是早就发现了。

주소를 쓰지 않은 것을 내가 벌써 발견은 했다.

「倒是」는 예상과 어긋나는 것을 말하는 경우에 쓰이며, '도리어', '오히려'의 뜻이다. 예상과 어긋나는 느낌이 강한 경우와 약한 경우로 나뉘는데 느낌이 강한 경우는 「反倒」로 바꾸어 쓸 수 있다.

「早就」은 부사로 '일찍이', '벌써'의 뜻이며, 동작이나 행위가 과거로부터 긴 시간이었음을 나타낸다. 「早就发现了」는 '벌써 발견됐다'의 뜻이다.

> **예** 信早就收到了。　편지는 벌써 받았다.

64 我写的歌曲

在一个演唱会上， 一位听众转身对他旁边的一个男人批评正在唱歌的那个女人，"多糟糕的嗓子！她是谁呀？"那个人回答说："她是我妻子。"批评的人感到不好意思，想转个话题，说："噢！对不起。 当然她的嗓子还不坏，问题是在歌曲，这曲子写得不好。也不知是谁写的这么烂的歌曲呀？""是我。"那个人回答了。

1) 演唱会 yǎnchàng huì: 콘서트. 음악 공연회.

2) 听众 tīngzhòng: 청중.

3) 批评 pīpíng: 비평하다.

4) 糟糕的···· zāogāo de: 엉망인~.

5) 嗓子 sǎngzi: 목소리. 목청.

6) 转话题 zhuǎn huàtí: 화제를 바꾸다.

7) 问题是···· wèntí shì: 문제는 ~.

8) 歌曲 gēqǔ: 노래. 곡.

9) 烂 làn: 낡다. 엉망이다.

一位听众转身对他旁边的一个男人批评正在唱歌的那个女人。
어떤 청중이 몸을 돌려 옆자리에 있는 한 남자에게 노래를 부르고 있는 여인에 대해 비평했다.

「对····批评····」은 '~을 대상으로 ~을 비평하다'라는 뜻이다.

多糟糕的嗓子!
목소리가 참으로 엉망이군요!

「多····(啊/呀)!」 문형에서 부사인 「多」와 함께 「多····(啊)!」는 '얼마나', '정말로'의 뜻으로 감탄과 경이의 어감을 지니며, 「多」는 「多么」와 교체하여 사용할 수 있다.

> 예 女朋友多漂亮啊! 여자 친구가 얼마나 예쁜지!
>
> 时间过得多快呀! 시간은 정말 빠르게 지나가는구나!

「糟糕!」는 '엉망이 되다', '못 쓰게 되다'의 뜻이나, 일상 구어로 「糟糕了!」 '큰

일 났다’ 하고 외칠 때 쓰이고, 반복해서 써도 된다. 또 「真糟糕!」 하면 ‘참 야
단났군’, ‘아뿔싸’의 뜻이 된다. 따라서 「多糟糕的嗓子!」는 ‘얼마나 형편없는
목소리인지!’라는 뜻으로 해석된다.

> **예** 糟糕了! 楼上起火了。　큰일 났어요. 위층에 불이 났어요.

批评的人感到不好意思, 想转个话题。

흉보던 사람은 무안하여 화제를 바꾸려 했다.

「话题」는 ‘화제’라는 뜻이며, 「转」 ‘돌리다’라는 동사와 함께 쓴 「想转个话题」
구는 ‘화젯거리를 바꾸고 싶어서’의 뜻으로 해석한다.

> **예** 太无聊了, 我们转个话题吧! 너무 재미없다. 우리 화제를 좀 바꾸자.

65 你才是猪

有一天，张三在山间小路开车。 正当他悠哉地欣赏美丽风景时，突然迎面开来一辆货车，司机摇下车窗玻璃对他大骂一声'猪'。 张三越想越纳闷， 也越想越气，于是他也摇下车窗回头大骂："你才是猪!" 才刚骂完，他便迎面撞上一群过马路的猪。

1) 猪 zhū: 돼지.

2) 山间 shānjiān: 산간.

3) 悠哉 yōuzāi: 유유자적하다.

4) 美丽 měilì: 아름답다.

5) 风景 fēngjǐng: 경치.

6) 货车 huòchē: 화물차.

7) 大骂一声 dà mà yì shēng: 한 차례 큰 소리로 욕하다.

8) 纳闷 nàmèn: (의혹이 생겨)답답하다.

9) 迎面 yíngmiàn: 얼굴을 마주하는 쪽.

10) 过马路 guò mǎlù: 길을 건너다.

张三越想越纳闷，也越想越气，于是他也摇下车窗回头大骂。

짱싼은 생각하면 생각할수록 답답하고, 또 생각할수록 화가 나서 그도 역시 차 창을 내리고 고개를 돌려 크게 욕을 했다.

「越‥‥越‥‥」은 '～하면 할수록 ～하다'는 뜻을 가지며, '더욱', '더욱더' 뜻 으로 중첩하여 사용한다. 조건에 따라 정도가 더욱 증가됨을 나타낸다. 따라서 「越想越纳闷」은 '생각하면 할수록 답답하다'의 뜻이고, 「越想越气」는 '생각하 면 할수록 화가 나다'의 뜻이다.

예 汉语越学越有意思。 중국어는 배울수록 재미있다.

「于是」는 '그래서', '이리하여', '그리하여'라는 뜻의 인과관계에서 쓰는 접속사 이며, 「所以」, 「因此」, 「因而」 등과 의미가 유사하다. 그런데 「因此」는 앞에서 말한 원인에 근거하여 뒤의 결론이나 결과가 도출됨을 나타내는데, 「于是」는 뒤의 사건이 앞의 사건과 밀접하게 연결되어 있으며, 뒤의 사건이 앞의 사건으 로 인해 야기된 것임을 나타낸다. 「于是」 뒤의 문장은 하나의 사건을 나타내기 때문에, 문장의 주요 동사 뒤에 종종 「了」, 「起来」, 「下来」 등이 붙는다.

两个年轻人正在看马戏的演出。 当看到表演的一个美少女与一头狮子接吻时，其中一个赞叹道："真不简单，好危险啊!" 另一个却不以为然地说："这有什么大惊小怪的， 我倒挺羡慕的。" "你敢去试试吗?" "当然敢，很乐意，你让狮子走开，我来!"

1) 狮子 shīzi: 사자.

2) 走开 zǒu kāi: 비키다.

3) 马戏 mǎxì: 서커스.

4) 接吻 jiēwěn: 입맞춤하다.

5) 赞叹 zàntàn: 감탄하다.

6) 不以为然 bù yǐ wéi rán: 그렇다고는 생각하지 않다.

7) 大惊小怪 dà jīng xiǎo guài: 하찮은 일에 크게 놀라다.

8) 羡慕 xiànmù: 부러워하다.
9) 乐意 lèyì: 기꺼이 하다.

真不简单, 好危险啊!

정말 대단해, 너무 위험해!

「简单」은 '간단하다'의 뜻이지만 「真」과 함께 감탄의 어기를 나타낼 때는 정도가 강해져 '정말 쉽지 않아', '정말 대단해'라는 뜻이 된다.
「好····啊!」 문에서 「好」는 감탄어기를 나타내는 부사로 '아주', '참말로'라는 뜻이며, 형용사나 동사의 앞에 쓰여 정도가 심함을 나타낸다. 「好····啊!」는 감탄과 놀람의 어감을 지녀 「好危险啊!」 하면 '너무 위험해!'라는 뜻이 된다.

另一个却不以为然。

나머지 한 사람은 오히려 그렇지 않다고 여긴다.

「却」은 부사로 전환의 의미를 지니고 '오히려', '도리어'의 의미이다.
「以为」는 '여기다', '생각하다', '알다'의 뜻으로 주로 '～라고 여겼는데 알고 보니 아니다'라는 부정적인 어기를 내포한다. 여기서 「不以为然」은 부정으로 표현하여 '그렇게 여기지 않는다' 바로 '대수롭지 않게 여기다'의 뜻이다.

这有什么大惊小怪的。

이게 머 그리 놀랄 일이야.

「大惊小怪」 직역을 하면 '크게 놀라고 작게 이상히 여기다'인데 넉 자로 쓰이는 상용 표현이다.

「大」와 「小」를 넣어 강조하여 '너무 놀라다'의 뜻이다. 따라서 「这有什么大惊
小怪的」은 반어문 형태를 써서 '머가 그리 놀랄 것 있니?' '별로 놀랄 일도 아
니다'의 뜻이다.

> 예 别大惊小怪的, 这是常有的事。
> 너무 놀라지 마라, 이것은 자주 있는 일이다.

我倒挺羡慕的。
나는 오히려 참 부럽다.

「倒」는 '오히려', '도리어'의 뜻으로 일반적인 도리와 상반되는 일을 나타낸다.
「挺」은 부사로 '매우', '아주'의 뜻으로 정도가 상당히 높음을 나타내며, 주로
구두어로 쓰이고 문미에 「的」을 붙인다. 따라서 「挺羡慕的」은 '아주 부럽다'의
뜻으로 해석한다.

> 예 今天天气挺好的。 오늘 날씨가 아주 좋다.

你敢去试试吗?
네가 한번 해 볼 수 있겠어?

「敢」은 능원동사로 판단에 확신이 있고 의욕이 있음을 나타낼 때 '(감히) ～할
수 있다.'라고 표현한다. 「敢去试试吗?」는 자신 있게 '한번 시도해 볼래?'라는
뜻의 묻는 말이다.

当然敢, 很乐意。
당연히 할 수 있지. 기꺼이 할 수 있어.

「当然敢」은 두렵지 않고 자신이 있으니 '당연히 할 수 있다'라는 확신 찬 의미
의 표현이다. 더욱이 「很乐意」를 써서 기꺼이 '즐겁게 할 수 있다', '하고 싶
다'라고 하는 자신의 생각을 덧붙였다.

> 예 大家都乐意帮助他。 모두들 그를 기꺼이 돕는다.

名侦探福尔摩斯

名侦探福尔摩斯和他的老友华生一同上街散步。 福尔摩斯问华生：“跟在我们后边走的是一位穿着时髦的美丽少女吧!” 华生马上回头向后看，然后说：“没错，你真不亏是侦探呀!” 说着很惊奇地问：“怎么你没回头看， 就知道后边是个美女呢?” 福尔摩斯说：“这很简单， 我们只须看到迎面而来的那些男士们脸上的表情就知道了。”

1) 侦探 zhēntàn: 탐정.

2) 福尔摩斯 Fú ěr mō sī: 셜록홈즈.

3) 华生 huá shēng: 왓슨.

4) 上街 shàngjiē: 길을 나서다.

5) 跟在····后边 gēn zài hòubian: ~뒤에 따라가다.

6) 穿着 chuānzhuó: 옷차림.

7) 时髦 shímáo: 세련되다. 유행을 따르다.

8) 真不亏是···· zhēn bù kūi shì: ~라고 하기에 손색이 없다.

9) 惊奇 jīngqí: 놀랍고도 이상하다.

10) 美女 měinǚ: 미녀.

11) 只须···· zhǐ xū: 다만 ~만 하면.

12) 迎面而来 yíngmiàn ér lái: 맞은편에서 오다.

没错, 你真不亏是侦探呀!

맞았어. 너는 정말 탐정으로서 손색이 없다.

「没错」은 '맞다', '틀림이 없다'의 뜻이다.

「不亏是····」는 '~라고 하기에 손색이 없다'라는 뜻이다. 감탄을 나타내는 「真····呀!」와 함께 써서 「真不亏是侦探呀!」는 '정말 탐정으로서 손색이 없다'라는 뜻으로 해석한다.

> 예 真不亏是一家的老大呀! 很有责任感。
>
> 정말 한 집안의 맏이로 손색이 없구나, 책임감이 있다.

怎么你没回头看, 就知道后边是个美女呢?

어떻게 너는 고개를 돌려 보지도 않고 뒤편에 미녀가 있는 줄 알았니?

「怎么没····就····呢?」 구에서 「怎么····呢?」는 '왜 그렇습니까?'의 뜻으로 의문시되고 이유를 알고 싶을 때 쓰는 표현이다. 그리고 「没＋동사＋就····」는 '~을 하지 않았는데도 ~되다(결과)'라는 뜻이라 함께 쓰면 '어떻게 ~을 하지 않았는데도 ~되는지(결과)?'의 뜻이다.

我们只须看到迎面而来的那些男士们脸上的表情就知道了。

우리는 맞은편에서 오고 있는 남자들의 얼굴 표정만 보아도 알 수 있다.

「只须····就····」 조건관계를 나타내는 주종복문에 쓰이는데, '~만 있으면 바로 ~가 되다'라는 뜻을 나타낸다.

68 选择报酬多的制药厂

记者去采访一位长寿的老人， 问他长寿的秘诀是什么。 开始他不肯回答，在记者的再三恳求下，老寿星终于说话了："先生，我的长寿秘决暂时不能告诉你。 因为有两家制药厂正和我磋商，哪家给我的报酬多，我就说经常服用哪个厂的维生素。"

1) 要看···· yào kàn: ~을 봐야만 한다.

2) 报酬 bàochóu: 보수. 대가.

3) 记者 jìzhě: 기자.

4) 采访 cǎifǎng: 취재하다.

5) 长寿 chángshòu: 장수.

6) 老人 lǎorén: 노인.

7) 秘诀 mìjué: 비결.

8) 不肯···· bù kěn: ～하려 하지 않다.

9) 再三恳求 zàisān kěnqiú: 재삼 간청하다. 여러 번 간청하다.

10) 寿星 shòuxīng: 생일을 맞은 주인공.

11) 暂时 zànshí: 당분간. 잠시.

12) 制药厂 zhì yào chǎng: 제약 회사.

13) 磋商 cuōshāng: 협의하다. 교섭하다.

14) 经常 jīngcháng: 늘. 자주.

15) 服用 fúyòng: 복용하다.

16) 维生素 wéishēngsù: 비타민.

开始他不肯回答, 在记者的再三恳求下····
처음에 대답을 하지 않으려다 기자가 여러 차례 간곡히 부탁하자····

「肯」은 '기꺼이 ～하다', '자진해서 ～하다'의 뜻인 능원동사이다. 「愿意」의 뜻과 같다. 따라서 「不肯回答」은 '대답을 하려 하지 않는다'의 뜻이다.

> 예 他怎么也不肯告诉我。
>
> 그는 아무리 해도 나에게 알려 주지 않는다.

「再三」은 '재삼', '여러 번'이라는 뜻의 부사로 몇 번이고 되풀이함을 강조할 때 쓰는 표현이다.

> 예 他们再三表示感谢。 그들은 재삼 감사함을 표했다.

暂时不能告诉你。

당분간 당신에게 알려 줄 수 없다.

「暂时」는 '잠깐', '잠시', '당분간'이라는 뜻이며, 「暂时不能告诉你」는 '당분간 너에게 알려 줄 수 없다.'라는 뜻이다.

哪家给我的报酬多, 我就说经常服用哪个厂的维生素。

어느 회사가 나에게 보수를 많이 주면 나는 그 회사의 비타민을 항상 복용한다고 말하겠다.

「哪····, 就哪····」 문형은 의문사를 확장 응용한 표현으로, 2개의 의문대명사가 앞뒤에서 호응하여, 앞의 의문대명사가 임의의 조건을 제시하고 뒤의 의문사는 앞의 의문대명사가 가리키고 있는 '그것', '그 사람'을 나타내며, 접속사인 「就」를 써서 연결시켰다. 따라서 「哪家····就服用哪个厂的····」은 '어느 집이 ~하면 바로 그 집의 것을 복용한다'라는 뜻으로 해석한다.

> **예** 你想去哪儿就去哪儿。
>
> 네가 어디에 가고 싶으면 어디에 가라.(가고 싶은 데로 가라)

69 试错方法了

一个酒徒因酒量失调而影响了肝脏功能。 他到医院检查时， 医生对他说： "为什么不自我约束一下呢？譬如事先在酒瓶上画线，绝对不超过这一条线，这样不是很好吗？" "是啊！这种办法我也试过，" 病人很沮丧地说："可是，画线的地方远得很，还没有喝到那个地方，我就已经醉得不省人事了。"

1) 试错方法 shì cuò fāngfǎ: 방법을 잘못 쓰다.

2) 酒徒 jiǔtú: 술꾼.

3) 因····而···· yīn ér: ～때문에 ～하다.

4) 酒量失调 jiǔliàng shītiáo: 주량 조절을 잘못하다.

5) 影响 yǐngxiǎng: 영향.

6) 肝脏功能 gānzàng gōngnéng: 간 기능.

7) 检查 jiǎnchá: 검사하다.

8) 自我约束 zìwǒ yāoshù: 스스로 제한하다.

9) 譬如···· pìrú: 예를 들어서~.

10) 事先 shìxiān: 일 발생 전. 사전에.

11) 在····上 zài shang: ~에.

12) 画线 huà xiàn: 줄을 긋다.

13) 绝对 juéduì: 절대로.

14) 超过 chāoguò: 초과하다.

15) 沮丧 jǔsàng: (감정)저조하다. 침울하다.

16) 远得很 yuǎn de hěn: 아주 멀다.

17) 不省人事 bù xǐng rénshì: 인사불성이다.

因酒量失调而影响了肝脏功能。
주량조절을 잘못하여 간장기능에 영향을 끼쳤다.

「因····而····」는 '~ 때문에 ~하다'의 구조로「因」뒤에는 원인이 오고,「而」뒤에는 수단이나 결과가 온다. 따라서「因酒量失调而影响了····」는 '주량조절을 잘못하여 ~에 영향이 가다'의 뜻이다.

为什么不自我约束一下呢？
왜 스스로 자제하지 않나요?

「为什么不····呢?」는 의문문을 사용한 반어문으로 '왜 ~하지 않습니까?', 즉

'그렇게 하면 좋을 텐데'라는 아쉬움을 포함한 표현이다.

「约束」은 법률, 규정, 제도 등으로 정당하게 규제하는 것을 뜻하며, 유사어로는 「拘束」, 「限制」가 있다. 「自我约束」은 '자신 스스로 단속하다'의 뜻이다. 따라서 「为什么不自我约束一下呢?」는 '왜 스스로 자제하지 않나요?', '자제하면 아무 문제 없을 텐데'의 뜻으로 안타까워하고 아쉬워하는 어감이 포함되어 있다.

譬如事先在酒瓶上画线, 绝对不超过这一条线。

예를 들어 먼저 술병에 선을 그어 놓고 이 선은 절대로 넘지 않겠다고 한다.

「譬如」는 구어로 예를 들 때 문두에 쓰이며, 「譬如说」 '예를 들어 말하자면'이라고 해도 된다. 유사표현으로 문서체인 「例如」 '예를 들어', 「举例子」 '예를 들다'가 있다.

「事先」은 '사전에'라는 뜻으로 일의 진행 순서 중 가장 먼저 해야 하는 순서를 말할 때 쓰인다.

> **예** 要事先通知我们。　사전에 우리에게 알려 줘야 한다.

「绝对 + 不/没····」은 아무 제한도 받지 않고, 아무 조건도 없음을 말하며, '절대로', '반드시'라는 뜻의 부사이다. 따라서 「绝对不超过」는 '절대로 초과하지 않는다'라는 뜻이다.

> **예** 绝对没错儿。　틀림이 없다.
> 　　绝对做不到。　절대 해낼 수 없다.

这样不是很好吗?

이렇게 하면 좋지 않나요?

「不是····吗?」는 반어문으로, 화자의 불만, 변명의 어감을 지닌다. 따라서 「这样不是很好吗?」는 '이렇게 하면 좋지 않나요?'라는 뜻이며, '머가 불만이야, 이렇게 하면 되는데'라는 불평의 의미가 포함되어 있다.

已经醉得不省人事了。

벌써 취해서 인사불성이 되다.

동사 「醉」 '취하다'의 정도보어인 「不省人事」는 '인사불성이 되다'라는 뜻이며, 「醉得不省人事」는 '인사불성이 될 정도로 취했다'라는 뜻이다.

70 还好是血

一位嗜酒的先生买了瓶放了10年的威士忌酒， 装进裤子口袋， 准备带回家享受一顿。 谁知刚出店门，脚下一滑，摔了一跤，他觉得腿上湿漉漉的，以为打了酒瓶，心中十分痛惜。 可是，当他站起来朝下一看，忽然又笑出声来，说："嘿! 谢天谢地，原来只是腿上流出来的血。"

1) 还好是··· háihǎo shì: ～이길 다행이다.

2) 血 xiě (xiè): 피.

3) 嗜酒 shìjiǔ: 술을 즐기다.

4) 威士忌酒 wēishìjì jiǔ: 위스키.

5) 装进···· zhuāng jìn: ～에 담다.

6) 裤子口袋 kùzi kǒudài: 바지 주머니.

7) 享受一顿 xiǎngshòu yí dùn: 한 번 누리다.

8) 谁知···· shéi zhī: 누가 ～을 알았겠는가.

9) 刚出店门 gāng chū diànmén: 가게 문을 막 나서다.

10) 脚下一滑 jiǎo xià yì huá: 발이 미끄러워.

11) 摔了一跤 shuāi le yì jiāo: 넘어지다.

12) 腿 tuǐ: 다리.

13) 湿漉漉 shī lùlù: (물기로) 축축하다.

14) 打了酒瓶 dǎ le jiǔpíng: 술병을 깨다.

15) 心中 xīnzhōng: 마음속으로.

16) 十分痛惜 shífēn tòngxī: 매우 애통해하다.

17) 站起来 zhànqǐlai: 일어서다.

18) 朝下一看 cháo xià yíkàn: 아래를 향해 보다.

19) 笑出声来 xiào chū shēng lai: 소리를 내어 웃다.

20) 谢天谢地 xiè tiān xiè dì: 하느님 감사합니다.

21) 原来 yuánlái: 원래. 알고 보니～.

22) 流出来 liúchūlai: 흘러나오다.

谁知刚出店门, 脚下一滑, 摔了一跤。

가게 문을 막 나서자 발아래가 미끄러지며 꽈당 넘어질지 누가 알았겠는가.

「谁知····」는 반어문으로 '누가 알았겠는가?' 바로 「没想到」 '의외로'의 의미로 '그럴 줄 몰랐다'라는 뜻을 강조하는 표현이다.

예 谁知新买的手机, 只用了两天就丢了。

　　새로 산 휴대폰을 이틀 만에 잃어버릴 줄 누가 알았겠는가.

以为打了酒瓶, 心中十分痛惜。

병을 깨 버린 것으로 알고는 마음속으로 매우 애석해하였다.

「心中」은 '마음속으로'라는 뜻으로 「心中十分痛惜」은 '마음속으로 매우 애석해하였다'라는 뜻이다.

当他站起来朝下一看, 忽然又笑出声来。

그가 일어서서 아래를 보자마자 갑자기 웃음을 터트렸다.

「当」은 전치사로 '~할 때'의 뜻으로, 일이 발생한 시간을 나타낸다.
「朝」는 동작의 방향을 나타내며, 「朝下一看‥‥」은 '아래로 보자마자~'의 뜻이다.

예 你们千万不要朝下看。　너희들은 절대로 아래를 보지마라.

「笑出声来」 구에서 「笑」 '웃다'라는 동사에 방향보어인 「出来」를 붙여 '웃음소리를 내다'의 뜻이다.

谢天谢地, 原来只是腿上流出来的血。

하느님 감사합니다. 알고 보니 단지 다리에서 흘러나오는 피일 뿐이군요.

「谢天谢地」 '천지신명께 감사합니다.'라는 뜻이며, 감사한 일이 있을 때 입에서 저절로 튀어나온다.

예 你终于醒过来了, 真是谢天谢地。

　　네가 드디어 깨어났구나. 하느님 정말 감사합니다.

「原来只是‥‥」는 '알고 보니 단지 ~일 뿐이다'의 뜻이다.

71 谁说这条狗是我的

一个老太太在公园里散步，看见一个人和一条狗站着，很想摸摸那只狗。 老太太问："你的狗咬不咬人?"他说："不咬人。"当老太太伸出手摸狗时，这条狗差点儿把她的手指给咬掉了。 "你刚才不是说过你的狗不咬人吗?"老太太生气地大声喊，手上正往下滴着血。他说："没错! 我的狗是不咬人的，可是这条狗不是我的，我没说这是我的狗啊!"

1) 摸 mō: 만지다.
2) 咬 yǎo: 물다.
3) 伸出手 shēn chū shǒu: 손을 뻗다.
4) 差点儿 chàdiǎnr: 하마터면.

5) 手指 shǒuzhǐ: 손가락.

6) 咬掉 yǎo diào: 물어서 떨어지다.

7) 往下···· wǎng xià: 아래 방향으로 ～.

8) 滴 dī: (핏방울, 물방울)떨어지다.

9) 没错 méi cuò: 맞다. 틀림이 없다.

谁说这条狗是我的。

누가 이 개를 내 것이라고 했나요.

「谁说····的?」는 반어문으로 '누가 말했는가요?' 바로 그런 말을 한 사람이 없거나 그런 말을 하지 않았거나, 그런 사람이 없음을 강조하고 있다.

你刚才不是说过你的狗不咬人吗?

방금 당신의 개는 물지 않는다고 당신이 말하지 않았어요?

「刚才」는 '방금 전'의 뜻을 나타내는 시간명사로 주어 앞이나 주어 뒤, 술어 앞에 다 올 수 있다.
「不是说过····吗?」 반어문으로 '～을 말한 적 있지 않습니까?'라는 뜻이며, '말했었다'는 것을 강조하고 있다.

手上正往下滴着血。

손에서는 피가 아래로 떨어지고 있었다.

「往下····」는 '아래를 향하다'의 뜻이다.
「滴着血」은 '피가 떨어지고 있다'의 뜻이다.

72 新兵训练

一批新兵入伍不久，在一次进行队列训练时，教官不停地喊口令："向左转，向右转，齐步走，向后转，向前看……" 这时一名新兵走出了队列，教官感到很意外，问："你要去哪儿?" 这名新兵回答说："我要休息一会儿，等你决定好我们到底该往哪个方向转，我再回来。"

1) 新兵 xīn bīng: 신병.

2) 一批 yì pī: (사람) 한 무리. (물건) 한 무더기.

3) 入伍 rù wǔ: 입대하다.

4) 不久 bù jiǔ: 오래되지 않다.

5) 队列训练 duìliè xùnliàn: 대열 훈련.

6) 教官 jiàoguān: 교관.

7) 喊口令 hǎn kǒulìng: 구령을 외치다.

8) 向左转 xiàng zuǒ zhuǎn: 왼쪽을 향하다.

9) 齐步走 qí bù zǒu: 발걸음을 맞추어 가다.

10) 意外 yìwài: 의외이다.

11) 往····方向转 wǎng fāngxiàng zhuǎn: ～방향으로 돌다.

向左转, 向右转, 齐步走, 向后转, 向前看。

좌향좌, 우향우, 앞으로 가, 뒤로 돌아, 앞으로 봐.

군 훈련에 쓰이는 구령으로 「向左转 좌향좌」는 '왼쪽으로 돌다.' 「向右转 우향우」는 '오른쪽으로 돌다.' 「齐步走 앞으로 가」는 '걸음을 나란히 하여 걷다.' 「向后转 뒤로 돌아」, 「向前看 앞으로 봐」라는 뜻이다.

等你决定好我们到底该往哪个方向转, 我再回来。

우리가 도대체 어느 방향을 향해 돌아야 하는지 당신이 결정을 하면 그때 다시 돌아오겠습니다.

「等」은 「等到」를 말하며, 접속사로 시간을 나타내는 조건에 쓰인다. 어떤 '시간이 오기를 기다린다'는 말이다. 「等····再····」는 '～하고 나서, 나중에 ～하다'의 의미이다.

「决定好」 구에서 「好」는 「完」의 의미를 지닌 결과보어로 '결정이 다 되었다'라는 뜻이다. 따라서 「等你决定好····我再回来」는 '네가 결정을 마친 후에 그때 다시 돌아오겠다.'로 해석한다.

73 根本不放在眼里

一个带狗的男人气势汹汹地冲进宠物店， 指着老板说：“你把这条狗卖给我看门， 可是昨天小偷进我家偷了我三百块钱，它却吭都没吭一声。”“先生，很遗憾，这条狗以前的主人是个百万富翁，所以这么点儿钱它根本不放在眼里。”老板慢条斯理地回答。

1) 不放在眼里 bú fàng zài yǎn li: 성에 차지 않다.

2) 气势汹汹 qìshì xiōngxiong: 기세등등하다.

3) 宠物 chǒngwù: 애완용 동물.

4) 看门 kānmén: 문을 지키다. 집을 보다.

5) 吭声 kēng shēng: 소리를 내다.

6) 慢条斯理 màntiáo sīlǐ: 침착하다.

7) 遗憾 yíhàn: 유감스럽다.

8) 主人 zhǔrén: 주인.

它却吭都没吭一声。

한마디조차도 하지 않다.

「吭」은 '소리를 내다', '말하다'라는 뜻의 구어이고, 「吭都没吭一声」은 「连·····都没····」의 문형으로, 아주 '(작은 것, 소수의) ～조차도 하지 않았다'라는 뜻의 표현이다. 따라서 '찍소리 한마디도 내지 못했다'의 뜻이다.

> **예** 在他面前不敢吭一声。 그의 면전에서는 감히 찍소리도 못 낸다.

这么点儿钱它根本不放在眼里。

이렇게 적은 돈은 전혀 성에 차지 않았다.

「放在眼里」는 주로 부정문에 쓰여 어떤 사람이나 사물에 대해 전혀 개의치 않음을 나타낸다. 경시하거나 무시하는 의미가 포함되어 있어 「不放在眼里」는 '마음에 차지 않아 눈으로 보지도 않을 정도이다'의 의미이다. 따라서 '성에 차지 않는다'는 뜻으로 해석한다.

74 难看的面孔

林肯是美国历代总统中最有幽默感的一位，　而且有时候还自嘲。　人们都知道林肯的容貌是很难看的，他自己也知道这一点。　有一次，他和他的政敌辩论，他的政敌攻击林肯是两面派。　林肯反驳说："现在，让观众来评评理吧！　要是我另外还有一副面孔的话，我何必戴这副这么难看的面孔出场呢？"

1) 难看 nánkàn: 보기　싫다. 못생겼다.

2) 面孔 miànkǒng: 얼굴.

3) 林肯 Línkěn: 링컨.

4) 历代 lìdài: 역대.

5) 幽默感 yōumò gǎn: 유머감각.

6) 有时候 yǒushíhou: 어떤 때. 때때로.

7) 自嘲 zìcháo: 자신을 조소하다.

8) 容貌 róngmào: 용모.

9) 政敌 zhèngdí: 정적.

10) 辩论 biànlùn: 변론.

11) 攻击 gōngjī: 공격하다.

12) 两面派 liǎngmiàn pài: 양면성. 이중인격자.

13) 这一点 zhè yi diǎn: 이 점.

14) 反驳 fǎnbó: 반박하다.

15) 评理 pínglǐ: 시비를 가리다.

16) 一副 yí fù: 얼굴을 세는 양사.

17) 何必···· hébìne: ～할 필요가 있는가?

18) 戴 dài: (머리. 얼굴)에 착용하다.

19) 出场 chūchǎng: 무대에 등장하다.

林肯是美国历代总统中最有幽默感的一位，而且有时候还自嘲。

링컨은 미국 역대 대통령 가운데 가장 유머감이 있는 사람이며, 또한 어떤 때는 자신을 스스로 비웃기도 한다.

「是····中最····」는 '～(범위)내에서 가장 ～하다'의 표현으로 쓰였다.
「有时候」는 임의의 시간을 지칭해 '어떤 때'라는 의미이며, 「有时」, 「有的时候」라고 해도 된다.

他的政敌攻击林肯是两面派。

그의 정치 적수는 링컨을 양면성이 있는 사람이라고 공격을 했다.

「两面派」, 표면적으로는 '두 개의 얼굴'이라는 뜻이 있으나, 관용어로 '기회주의자', '이중인격자'라는 뜻이다.

让观众来评评理吧!

관중들로 하여금 옳고 그름을 가려 보라고 합시다.

「来」는 여기서 행동의 주체를 이끌어 낼 때 쓰인다. 「사람＋来＋동사」 문형은 그 사람이 직접 하다는 의미를 지닌다.

> 예 我来介绍一下。　제가 소개를 좀 하겠습니다.

「评评理」는 동사의 중첩 형태로, 단음절 동사인 경우 중첩한 동사 사이에 「一」을 넣어 「A一A」의 형식으로 쓴다. 「评评理」는 '이치를 평가하다'의 뜻이다.

我何必戴这副这么难看的面孔出场呢?

내가 이렇게 못생긴 얼굴을 하고 등장할 필요가 있겠습니까?

「何必····呢?」 반어문으로 쓰여 '구태여 ～할 필요가 있는가?'의 뜻이며, 실제 '할 필요가 없음'을 강조하는 의미로 쓰인다.

> 예 这点小事, 何必那么生气呢?
> 　　이렇게 작은 일에 구태여 화를 낼 필요가 있나요?

「难看的面孔」 구에서 「难看」을 직역하면 '보기 힘들다'이나 주로 용모를 말할 때 '보기 안 좋다', '못생겼다'라는 뜻이다. 반대어로는 「好看」 '보기 좋다', '예쁘다'의 뜻이다.

75 买帽子

一位女客人进帽子店想买一顶最新款式的帽子。　服务员按她的要求，把店里所有的新式帽子都拿出来让她挑选，可是女客人对这些帽子都不满意，挑来挑去，又试戴了好几顶，都不中意。　最后，她要走出店门的时候，看中了放在柜台上的一顶。　她左看右看，又戴了戴，怎么看也喜欢，就说："就要这一顶吧!"服务员说："这顶是您自己戴着来的。"

1) 帽子 màozi: 모자.

2) 一顶 yì dǐng: 모자의 양사.

3) 款式 kuǎnshì: 스타일.

4) 新式 xīn shì: 새로운 스타일.

5) 挑来挑去 tiāo lái tiāo qù: 이리저리 고르다.

6) 试戴 shì dài: 시범적으로 써 보다.

7) 中意 zhòngyì: 마음에 들다.

8) 看中 kànzhòng: 눈에 차다.

9) 柜台 guìtái: 계산대.

10) 左看右看 zuǒ kàn yòu kàn: 이리 보고, 저리 보다.

11) 怎么····也(不) zěnme yě(bù): 아무리 ～해도 ～(안)하다.

12) 戴着来 dàizhe lái: 쓰고 오다.

服务员按她的要求, 把店里所有的新式帽子都拿出来让她挑选。
종업원은 그녀의 요구에 따라 상점에 있는 최신 스타일의 모자를 모두 꺼내어 그녀에게 고르도록 하였다.

「按」은 '～에 의거하여', '～에 따라서'의 뜻이다.

> **예** 按法律规定 법률 규정에 의거하다.

「所有的····都」는 '모든 ～다', '전부의', '전체의'의 뜻으로 쓰이며, 뒤에 「都」와 호응하여 '모든 ～이 다 ～'라는 뜻으로 해석한다.

> **예** 所有的参赛选手都到了。 경기에 참가한 모든 선수는 다 도착했다.

挑来挑去, 又试戴了好几顶, 都不中意。
이리 고르고 저리 고르며, 또 몇 개를 써 보기도 했지만 다 마음에 들지 않았다.

「동사＋来＋동사＋去」 문형은 동사 「走」에 방향동사 「来」와 「去」를 함께 사용한 유형이다. 같은 동사나 같은 의미의 동사를 앞뒤에 두고 방향동사 「来」와 「去」를 사이에 두어 방향과 관계없이 동작이나 행위가 계속하여 여러 번 반복됨을 나타낸다. 따라서 「挑来挑去」는 '이리저리 고르다'의 뜻이 된다.

> 예 整个晚上, 我都在翻来覆去想这个问题。
>
> 밤새도록 나는 이리 저리 몸을 뒤척이며 그 문제를 생각했다.
>
> 走来走去 왔다 갔다 하다.
>
> 飞来飞去 이리저리 날아다니다.

「中意」에서 「中」의 발음은 동사로 쓰일 때 4성으로 「zhòng」이며, '～(과녁에) 맞히다', '～(마음)에 들다'의 뜻이다. 따라서 「中意」는 '마음에 들다'의 뜻이다.

她左看右看, 又戴了戴, 怎么看也喜欢。

그녀는 이리 보고 저리 보고 또 써 보기도 하였는데 아무리 봐도 좋았다.

「左＋동사＋右＋동사」 같은 행위의 반복을 강조할 때 쓰이며, 「左看右看」은 '이리저리 보다'의 뜻이다. 「又‥‥又‥‥」는 '～하면서 또한 ～하다'의 뜻으로 「又戴了戴」는 '또 써 보기도 하다'라는 뜻이다.

● 「又‥‥又‥‥」 용법의 3가지 뜻

① '～하면서 또한 ～하다'는 뜻으로 동시적인 상황임을 표현한다.

> 예 又香又甜。 향기롭기도 하고 달기도 하다.

② '～해야 할지 아니면 ～해야 할지', '～하기도 하나 ～하다'
모순관계 또는 역접관계의 두 가지 일을 표시하며, 이 경우 성어처럼 많이 쓰인다.

> 예 他又想去, 又想不去。
>
> 그는 가고 싶기도 하고, 가고 싶지 않기도 하다.

③ '또', '다시'라는 뜻으로 같은 행위가 교체되면서 반복됨을 나타낸다.

　예 擦了又写, 写了又擦。　지웠다가 또 쓰고, 썼다가는 다시 지우다.

「怎么＋(동사)＋也‥‥」은 '아무리 해도 ～가 안 된다'의 의미로 쓰이며, 「怎么看也喜欢」은 '아무리 봐도 좋다'의 뜻이다.

76 把卡片搞混了

两个朋友好久没见面了，一个朋友问："你还在那家花店里工作吗?" 被问的朋友回答说："不，我被解雇了。" "为什么?" "我的工作是在每束花里放一张卡片，我把一束结婚典礼的花错以为是葬礼的花束，卡片上面写着，'致以深深的哀悼'。 而葬礼的花束里放了一张新婚贺卡，上面写着，'愿你在新的家庭里幸福美满。' 我把两张卡片搞混了， 结果被解雇了。"

1) 卡片 kǎpiàn: 카드.

2) 搞混 gǎo hùn: 혼동을 해 버리다.

3) 解雇 jiěgù: 해고되다.

4) 束 shù: (꽃의 양사) 다발.

5) 结婚典礼 jiéhūn diǎnlǐ: 결혼식.

6) 错以为是… cuò yǐwéi shì: ~으로 잘못 알다.

7) 葬礼 zànglǐ: 장례.

8) 花束 huāshù: 꽃다발.

9) 致以… zhìyǐ: ~로 보내다.

10) 深深的… shēnshēnde: 깊은~.

11) 哀悼 āidào: 애도하다.

12) 新婚贺卡 xīnhūn hèkǎ: 결혼 축하 카드.

13) 愿… yuàn: ~하기 바란다.

14) 幸福美满 xìngfú měimǎn: 행복하고 만족하다.

我把一束结婚典礼的花错以为是葬礼的花束。

나는 결혼식 화환을 장례식 화환으로 잘못 알았다.

「以为」는 잘못 알고 있을 때 '(잘못) 알았다', '(잘못) 여겼다'의 뜻이며, 「错以为是」는 「错」을 덧붙여 '잘못 알다'라는 뜻이 더욱 강조된 표현이다.

卡片上面写着，‘致以深深的哀悼’。

카드에 ‘심심한 애도를 표합니다.’라고 쓰여 있다.

「致」는 동사로 ‘주다’, ‘보내다’, ‘표시하다’의 뜻이며, 「致以····」는 ‘～로 전하다’, ‘～뜻을 표하다’의 의미다. 따라서 「致以深深的哀悼」는 ‘깊은 애도의 뜻을 표합니다.’라는 의미이다.

> **예** 致以热烈的祝贺。　열렬한 축하의 뜻을 표한다.

上面写着，‘愿你在新的家庭里幸福美满’。

위에는 ‘당신의 새 가정이 행복하고 원만하길 바랍니다’라고 쓰여 있었다.

「愿」은 ‘바라다’의 뜻으로 축원을 나타낼 때 어두에 쓴다. 행복한 가정을 꾸미기를 바랄 때 「愿····幸福美满」 ‘～에 행복이 가득하기를 바란다’라고 표현하면 된다.

我把两张卡片搞混了，结果被解雇了。

내가 이 카드 두 장을 혼동하는 바람에 결국은 해고를 당했다.

「搞」는 동사로 ‘하다’, ‘종사하다’, ‘처리하다’의 뜻이다. 여기에 결과보어인 「混」 ‘혼동하다’와 함께 써서 「搞混了」는 ‘혼란스러운 결과로 처리했다’의 뜻에서 ‘혼동했다’의 뜻이 된다.

> **예** 你要把问题搞清楚。　너는 문제를 분명히 처리해야 한다.

77　别人的都卖完了

一位著名的法国作家在美国旅行，　经过一座城市时，他想去参观该市一家最大的书店。　书店老板得到这个消息后非常兴奋。　他让全体工作人员做好准备工作，还在所有书架上都摆满了这位作家的著作。　作家走进书店一看，发现都是他的作品，就问老板："怎么都是我的作品？　别人的呢？"老板结结巴巴地回答："····都卖完了。"

1) 著名 zhùmíng: 저명하다.
2) 法国 Fǎguó: 프랑스.

3) 作家 zuòjiā: 작가.

4) 经过 jīngguò: 지나가다.

5) 一座城市 yí zuò chéngshì: 도시 하나.

6) 该市 gāi shì: 해당 도시.

7) 老板 lǎobǎn: 사장.

8) 得到消息 dédào xiāoxi: 소식을 받다.

9) 兴奋 xìngfèn: 들뜨다. 흥분하다.

10) 全体工作人员 quántǐ gōngzuò rényuán: 전체 직원.

11) 准备 zhǔnbèi: 준비하다.

12) 书架 shūjià: 책꽂이.

13) 摆满 bǎimǎn: 가득 채우다.

14) 结结巴巴 jiējie bābā: 말을 더듬거리는 모양.

所有书架上都摆满了这位作家的著作。

모든 책꽂이에 그 작가의 저서를 가득 꽂아 놓게 했다.

「所有」는 '모든', '일체'의 뜻으로, 「一切」가 각양각색의 것 '모두'라는 뜻인데 비해 「所有」는 같은 종류의 것 '모두'라는 뜻이다.
「在····上」은 '～위에'의 뜻이며, 「在所有书架上」은 '모든 책꽂이에'의 뜻이 된다.

「满」는 동사 뒤에 써서 존재의 의미로 '가득', '온갖'의 뜻으로 쓰이며, 물건을 놓는 동작을 나타내는 동사인 「摆」의 뒤에 쓰면 「摆满了」 '가득 놓여 있다'의 뜻이 된다.

예 花园里种满了花。　꽃밭에는 꽃이 가득 심어져 있다.

作家走进书店一看，发现都是他的作品。

작가가 서점 안으로 걸어 들어가자 모두가 자신의 작품인 것을 발견했다.

● 「一＋동사」 문형의 의미:

① 어떠한 상황을 발견했음을 나타낸다.

　예 向窗外一看，下雪了。　창밖을 보니 눈이 내리는군요.

② 결과를 나타낸다.

　예 他一跳，过去了。　그가 뛰자 바로 넘어갔다.

따라서 「·····一看，发现·····」은 '보자마자 (바로) ～을 발견했다'의 뜻이다.

老板结结巴巴地回答。

사장은 더듬더듬 대답했다.

「结结巴巴」 '(말)을 더듬더듬거리다'의 뜻이다. 일반적으로 형용사의 중첩은 「AABB」 형식을 취한다.

● 형용사의 중첩 형식:

1) 단음절 형용사의 중첩 「AA」 형식

　예 大大 크다. 长长 길다.

2) 2음절 형용사의 중첩

　① 「AABB」: 기본형식.

　　예 清清楚楚 명확하다. 安安静静 조용하다. 漂漂亮亮 예쁘다.

　② 「ABAB」: 형용사 자체에 정도의 의미가 들어 있는 형용사.

　　예 通红通红 새빨갛다, 雪白雪白 새하얗다.

③ 형용사가 동사로 쓰일 때도 「ABAB」 형식을 사용해서 중첩한다.

　예　高兴高兴 신나게 놀다. 快乐快乐 즐겁게 놀다.

④ 「ABB」: 중국인들의 언어 습관에 따른 중첩형.

　예　冷冰冰 쌀쌀하다. 胖乎乎 통통하다.

⑤ 「A里AB」: 부정적인 뜻을 지닌 형용사에 사용하여 경멸, 혐오를 의미한다.

　예　土里土气 촌스럽다. 胡里胡涂 멍청하다.

应该从右边读

一个大嫂上街去买新刷子，她看到一个卖毛刷的地摊，牌子上写着四个大字：'保不掉毛。'这位大嫂就买回家了。可是毛刷才用了一会儿，上面的毛都一撮撮往下掉。她生气极了，拿了毛刷去向那个摊主说理。摊主从右边指着牌子说："我牌子上不是写得清清楚楚，'毛掉不保'吗!"

1) 大嫂 dàsǎo: 아주머니.

2) 刷子 shuāzi: 솔.

3) 地摊 dìtān: 노점.

4) 保 bǎo: 보증하다.

5) 掉 diào: 떨어지다.

6) 一撮 yì cuō: 한 움큼.

7) 摊主 tān zhǔ: 노점상인.

拿了毛刷去向那个摊主说理。

솔을 들고 노점 주인에게 가서 따졌다.

「说理」는 '이치를 말하다'의 뜻이며, 격한 상황에서는 '이치를 따지다'라고 해석한다. 따라서
「向····说理」는 '～에게 (이치를 말하여) 따지다'라는 뜻으로 해석한다.

我牌子上不是写得清清楚楚, '毛掉不保'吗!

이 팻말에 분명하게 '털이 빠져도 보상하지 않는다'고 쓰여 있지 않습니까?

「不是····吗!」반어문으로 '안 그렇습니까?'의 뜻이며, 긍정인 '그렇다'를 강조하고 있다.
「清清楚楚」는 형용사의 중첩형식이다. 2음절 형용사의 중첩형식은 「AABB」로 「清楚」가 「清清楚楚」로 되어 '명확하다', '뚜렷하다', '정확하다'의 뜻이다.
「毛掉不保」는 왼쪽에서 오른쪽으로 읽을 때와 오른쪽에서 왼쪽으로 읽을 때인 「保不掉毛」와는 상반된 의미를 지닌다. 「毛掉不保」에서 「毛掉」는 '털이 떨어지다'이고, 「不保」는 '보장하지 않는다'로 '털이 떨어지고 안 떨어지고는 보장하지 않는다'의 뜻이다. 「保不掉毛」에서 「保」는 '보장하다'의 뜻이고, 「不掉毛」는 '털이 떨이지지 않는다'로 '털이 떨이지지 않음을 보장하다'의 뜻이다.

79 必须和其他乘客一样

雨天，一个夫人牵着一条脚上沾满污泥的狗，搭上了公共汽车。 这位夫人坐下来对售票员说："喂！ 如果这条狗买一张票的话，它是否也能和其他乘客一样有个座位？" 售票员打量了一下那条狗，慢条斯里地说："当然行，太太，不过它必须和其他乘客一样，不准把脚放在椅子上。"

1) 牵 qiān: (동물) 끌다. 잡아당기다.

2) 沾 zhān: 묻다.

3) 污泥 wūní: 흙탕.

4) 售票员 shòupiào yuán: 매표원.

5) 打量 dǎliang: 가늠하다. 훑어보다.

6) 不准··· bù zhǔn: ~하면 안 된다. 허락하지 않는다.

喂!

여보세요!

「喂!」 발음은 「wèi」 또는 「wéi」로 사람을 부를 때나 전화할 때 '여보세요'라는 뜻이다.

它是否也能和其他乘客一样有个座位?

이 개도 다른 승객처럼 좌석이 있을 수 있습니까?

「A跟(和)B一样/相同/差不多」는 비교 문형으로 사람이나 사물이 서로 같거나 다름을 나타내며, 'A는 B와 같다'의 뜻이다. 「和」는 문서체에 쓰이고, 「跟」은 구어체에 쓰인다.

> **예** 跟你一样, 我也是我家的老大。
>
> 너와 마찬가지로 나도 우리 집의 맏이다.

不准把脚放在椅子上。

발을 의자 위에 놓으면 안 됩니다.

「不准」은 '～하면 안 된다', '허락하지 않는다'의 뜻이다.

> **예** 博物馆里不准照相。
>
> 박물관 안에서는 사진을 찍으면 안 된다.(불허)

80　浮子沉下去了

有一次，　有个喜爱钓鱼的人带着他的朋友一起去钓
鱼。　他的朋友从来没钓过鱼，而且也不会，但他想
试试自己的运气。他们俩来到河边开始钓鱼了。

那位有生以来头一次钓鱼的人说：“哎，那红色的玩
意儿值多少钱?” “你是说那浮子吗? 噢，很便宜，你
问这个干什么?” “我应该赔你一个，你借给我的那个
浮子刚才沉下去了。”

1) 浮子 fúzi: 낚시찌.

2) 沉下去 chén xiàqu: 아래로 가라앉다.

3) 喜爱 xǐài: 좋아하다. 즐겨하다.

4) 有生以来 yǒushēng yǐlái: 태어난 이래로.

5) 头一次 tóu yí cì: 처음.

6) 红色 hóngsè: 빨간색.

7) 玩意儿 wányìr: 물건. 사물.

8) 赔 péi: 배상하다.

他的朋友从来没钓过鱼，而且也不会。

그의 친구는 낚시를 전혀 해 본 적도 없고, 더욱이 할 줄도 모른다.

「从来＋没/不⋯⋯」은 '전혀 ～한 적 없다'는 뜻으로 「从来」 뒤에는 「没」나 「不」처럼 부정형만 올 수 있다. 따라서 「从来没钓过鱼」는 '전혀 낚시를 해 본 적이 없다'의 뜻이다. 여기서 「不会」는 '낚시를 할 줄 모르다'의 뜻이므로 바로 「不会钓鱼」이다.

　예　我从来没迟到过。　나는 지각한 적이 전혀 없다.

但他想试试自己的运气。

그래도 자신의 운세를 한번 시험해 보기 위함이다.

「试⋯⋯运气」는 '운에 맡겨 보다', '운을 시험해 보다'는 의미이다. 같은 뜻으로 「碰碰运气」라는 말도 있다.

有生以来头一次钓鱼的人说:

태어난 이래로 처음 낚시를 해 보는 친구가 말하기를:

「····以来」는 시간을 나타내는 명사로 '〜이래 (줄곧 〜하다)'의 뜻이다. 따라서 「有生以来」는 '생긴 이래', '태어난 이래'의 뜻이다.

> **예** 自古以来···· 자고로〜
> 长期以来···· 오랫동안〜
> 十年以来···· 10년 동안〜

「头一次」는 순서를 나타내는 말로, 「头」는 구어체이며, 「第一次」를 써도 된다.

那红色的玩意儿值多少钱?

저 빨간색 물건은 가격이 얼마야?

「玩意儿」은 '물건', '사물'이라는 뜻이며, 하찮다는 어감이 포함된다. 또한 추상적인 사물이나 일에 대해서도 쓸 수 있다. 예를 들어 「搞什么玩意儿?」 '뭐 하는 짓이야?'라는 표현도 있다.

「值多少钱?」의 「值」는 '가치'라는 뜻이고, 「值钱」은 '가치가 있다'라는 뜻이며, 여기서 「值多少钱?」은 '가격이 얼마입니까?'라는 뜻으로 쓰였다.

问这个干什么?

그것을 무엇 하러 물어봅니까?

「干什么?」는 일상적으로 흔히 쓰이는 표현으로 '뭐 하니?'라는 뜻이고, 「现在」를 붙이면 '지금 뭐 하고 있니?'의 뜻이다. 직업을 물을 때는 '어떤 일을 합니까?'의 뜻도 된다. 때에 따라 따져 묻는 어감으로 '머야?', '왜 그래?'의 뜻이 된다. 여기서 「问这个干什么?」는 직역을 하면 '이것을 물어서 무엇 하려고요?'라는 뜻인데 의역을 하면 '그거 왜 물어보니?'로 해석해도 된다.

1. 100只写两个零 100에는 공을 두 개만 써야 한다.

Yìbǎi zhǐ xiě liǎng ge líng

Yí ge xuésheng shōudào tā fùqīn de xìn, xìn shang xiězhe: "Nǐ yǐhòu xiě jiāxìn, yīnggāi duō xiě yìxiē shēnghuó de qíngkuàng, bú yào zhǐ zhīdao yào qián. Zhè cì jì yìbǎi kuài qián gěi nǐ, fùdài gàosu nǐ yí ge xiǎo cuòwù, yòng ālābó shùzi xiě yìbǎi de shíhou, zhǐ néng xiě liǎng ge líng, bù néng xiě sān ge.

100은 공을 두 개만 써야 한다.

한 학생이 그의 아버지의 편지를 받았는데, 편지에 "네가 이후에 집으로 편지 쓸 때, 생활하고 있는 상황들을 더 써야 하지 돈 달라는 것만 알면 안 된다. 이번에 너에게 100원을 보내마. 덧붙여서 한 가지 작은 실수를 너에게 알려 주마. 아라비아 숫자로 100을 쓸 때 공을 두 개만 써야지 세 개를 쓰면 안 된다."라고 쓰여 있었다.

2. 比分是零比零 득점수는 0대0이다.

Bǐfēn shì líng bǐ líng

Yǒu yí ge rén hé tā de péngyou láidào tǐyùguǎn kàn lánqiú bǐsài, kěshì láiwǎn le, shàng bàn chǎng bǐsài yǐjīng jiéshù, xià bàn chǎng gāng yào kāishǐ le. Tā wèn pángbiān de guānzhòng: "Xiànzài bǐfēn shì duōshao?" Guānzhòng shuō: "Líng bǐ líng." Tā shuō: "Tài bàng le, wǒmen shénme yě méi cuòguò."

득점수는 0대0이다.

어떤 사람이 그의 친구와 체육관에 농구 경기를 보러 왔는데, 좀 늦게 와서 전반전 시합이 이미 끝나고 후반전이 막 시작하려고 할 때였다. 그는 옆에 있는 관중에게 묻기를 "지금 득점수가 어떻게 되었습니까?" 관중이 말하기를 "0대0입니다." 그는 "참 잘됐다. 우리는 아무것도 놓치지 않았어."라고 말했다.

3. 一个好梦 좋은 꿈 하나

Yí ge hǎo mèng

Zài yí ge jiānyù, yì tiān zǎoshang, liǎng ge fànrén qǐchuáng le. Jiǎ duì yǐ shuō: "Zuótiān wǒ zuò le yí ge hǎo mèng!" Yǐ shuō: "Zài jiānyù hái néng zuò shénme hǎo mèng? è mèng hái chà bu duō." Jiǎ shuō: "Wǒ mèngjiàn wǒ wàng le jiǎo fángzū, bèi diǎnyù zhǎng gǎnchūqu le, dàn yuàn hǎo mèng chéng zhēn."

좋은 꿈 하나

어떤 감옥에서 하루는 아침에 두 범인이 일어났다. 갑이 을에게 말하기를 "어제 나는 좋은 꿈 하나를 꾸었다." 을이 말하기를 "감옥에서 무슨 좋은 꿈을 꿀 수 있어? 악몽이면 몰라도." 갑이 말하기를 "내가 꿈에서 방값을 내는 것을 잊어버려 간수가 나를 내쫓았어. 좋은 꿈이 현실이 되길 바랄 뿐이야."

4. 美人鱼 미인고기

Měirén yú

Yǒu yí ge zhàngfu tèbié àihào diàoyú. Tā bǎ zìjǐ diàodao de dà yú hé míngguì de yú pāichéng zhàopiàn, tiēzài chuángtóu de qiáng shang, bìngqiě xiěshang tāmen de míngzi, zhòngliàng, chángdù hé diàoyú dìdiǎn, tiāntiān xīnshǎng. Qīzi jiàn le, biàn bǎ zìjǐ de zhàopiàn guàzài zhàngfu chuángtóu, bìng zài pángbiān xiězhe: 'Měirén yú, sìshí jiǔ diǎn wǔ gōngjīn, yī mǐ liù, diào yú rénmín gōngyuán'.

미인고기

어떤 남편이 낚시를 매우 좋아한다. 그는 자신이 낚은 큰 고기와 진귀한 고기를 사진으로 찍어서 침대머리맡의 벽에 붙여 났다. 그리고 그것들의 이름, 무게, 길이와 낚은 지점을 써 놓고는 매일마다 감상을 했다. 부인이 보고는 자신의 사진을 남편 침대머리맡에 걸어 놓고 옆에 이렇게 썼다. '미인고기, 49.5kg, 1미터60, 인민공원에서 낚다'.

5. 为了适应环境 환경에 적응하기 위해

Wèile shìyìng huánjìng

Yì tiān, wǒ qù péngyou jiā zuòkè, jiàn péngyou jiā de gǒu hěn qíguài,
biàn wèn dào: "Wèishénme yìbān de gǒu yáo wěibā shí zǒngshì zuǒ yòu
yáobǎi, ér nǐmen jiā de gǒu què shì shàng xià yáo ne?" Péngyou huídá:
"Zhè shì bùdéyǐ de, nàshì yīnwèi wǒmen jiā tài xiázhǎi le."

환경에 적응하기 위해

어느 날 나는 친구 집에 손님으로 갔는데, 친구 집의 개를 보니 이상하여 물었다.
"보통 개는 꼬리를 흔들 때 항상 좌우로 흔드는데, 왜 너희 집 개는 오히려 위아래
로 흔들지?" 친구가 대답하기를 "이것은 부득이한 것이야. 그것은 우리 집이 너무 좁
기 때문이야."

6. 不能容忍第二次错误 두 번째 잘못은 용납할 수 없다.

Bù néng róngrěn dì èr cì cuòwù

Mǒu ge rén zài lǐng gōngzī shí fāxiàn shǎo le yí kuài qián. Tā bórán dà
nù, qù zéwèn Kuàijì. kuàijì, shuō: "Shàng ge yuè wǒ duō gěi nǐ yí kuài
qián, nǐ nǎohuǒ le ma?" Zhè ge rén lìshēng dào: "Rúguǒ ǒurán yí cì
cuòwù shì wánquán kěyǐ liàngjiě de, dàn wǒ bù néng róngrěn dì èr cì
cuòwù."

두 번째 잘못은 용납할 수 없다.

어떤 사람이 임금을 받을 때 일 원이 적은 것을 발견하고 그는 발끈 화를 내며 회계
에게 책망하자, 회계가 말하기를 "지난달에 내가 당신에게 일 원을 더 줬는데, 당신
은 화가 났습니까?" 이 사람은 성난 목소리로 말하기를 "만약에 우연한 한 번의 잘
못은 완전히 양해가 됩니다만 그러나 나는 두 번째 잘못은 용납 못합니다."

7. 爸爸的亲笔签名 아버지의 친필 서명

Bàba de qīnbǐ qiānmíng

Lǎoshī shuō: "Xiǎo dōng, nǐ méi bǎ nǐ de kǎojuàn gěi fùmǔ kàn, shì ma?"
Xiǎo dōng huídá: "Bù, lǎoshī, wǒ gěi tāmen kàn le." Lǎoshī: "Kěshì wǒ zài
kǎojuàn shàngmain gēnběn zhǎo bu dào nǐ fùqīn de qīnbǐ qiānmíng a."

Xiǎo dōng xiàng lǎoshī lùchū shǒubì shang de biānshāng, shuō: "Lǎoshī, zài zhèli."

아버지의 친필 서명

선생님이 말하기를 "샤우뚱, 너는 너의 시험지를 부모님께 보여 드리지 않았구나, 그렇지?" 샤우뚱이 대답하기를 "아니요, 선생님, 저는 그분들에게 보여 드렸어요." 선생님이 말하기를 "그런데 시험지 위에서 네 아버지의 친필 서명을 전혀 찾을 수 없구나." 샤우뚱은 선생님을 향해 팔에 있는 채찍 자국을 들어내 보이며 말하기를 "선생님, 여기 있어요."

8. 他是来看病的 그는 진찰하러 왔다.

Tā shì lái kànbìng de

Yí ge yīshēng zhēngzài gěi bìngrén kànbìng. Tā de hùshi jíji mángmang de pǎojìnlai shuō: "Bù hǎo le, nǐ gāng kànwán bìng de nà ge bìngrén, yì zǒuchū yīyuàn dàmén jiù dǎo zài ménkǒu le, wǒmen zěnme bàn ne?" "Bǎ tā zhuǎn guò shēn lái, tóu xiàngzhe wǒmen yīyuàn, " Yīshēng shuō, "Ràng biérén kàn le jiù juéde tā shì zhǔnbèi jìnlái kànbìng de."

그는 진찰하러 왔다.

한 의사가 마침 환자를 진찰하고 있었다. 그의 간호사가 급하게 뛰어 들어와서 하는 말이 "큰일 났어요. 당신이 방금 진찰을 마친 그 환자가 병원 대문을 나서자마자 바로 문 입구에 쓰러졌어요. 우리 어떻게 하지요?" "그의 몸을 돌려놓으세요. 머리를 우리 병원을 향하게 해요" 의사가 말했다. "다른 사람이 보면 그가 들어와 진찰하려고 하는 것처럼 느끼도록 하세요."

9. 给我弄一台 나에게 한 대 마련해 줘요.

Gěi wǒ nòng yì tāi

Yǒu yí ge rén méi bànfǎ kòngzhì zìjǐ tōu dōngxi de máobìng, jiù qù qiú yīshēng bāngzhù. "Xiān chī zhè xiē yàopiàn shìshi, yīnggāi huì jiànxiào de." Yīshēng shuō. "Rúguǒ bú jiànxiào zěnme bàn?" kělián de bìngrén wèn. "Nà jiù gěi wǒ nòng yì tāi lùxiàngjī, hǎo ma?" Yīshēng dīshēng shuō le.

나에게 한 대 마련해 줘요.

어떤 사람이 물건 훔치는 버릇을 자신이 스스로 제어할 수 없어서 의사에게 도움을 요청했다. 의사는 "우선 이 약들을 좀 먹어 보세요. 분명히 효과를 볼 것입니다."라고 말했다. 불쌍한 환자가 "만약에 효과를 보지 못하면 어떻게 합니까?"라고 물었더니, "그러면 나에게 비디오 한 대 마련해 주는 게 어때요?"라고 낮은 목소리로 말했다.

10. 一个婴孩儿和爸爸 한 아기와 아버지

Yí ge yīngháir hé bàba

Yí ge bàba bàozhe hàotáo dàkū de yīngháir, zuǐli hái bù tíng de shuōzhe: "Zhèng dé a! Yào zhènjìng, yào zhènjìng a!" Yí ge fùnǚ kàndào zhè ge guāngjǐng, shuō: "Nǐ zhēnshì ge yǒu nàixīn de bàba a. Nǐ de háizi jiào Zhèng dé ma?" Nà ge bàba què shuō: "Bù, wǒ de háizi jiào Xiǎo dé, Zhèng dé shì wǒ."

한 아기와 아버지

한 아버지가 심하게 우는 아기를 안고는 입으로 쉬지 않고 말하기를 "쩡더야! 진정해, 진정해야 해!" 한 부인이 이 광경을 보고는 말하기를 "당신은 정말 인내심이 많은 아버지이군요. 당신 아이가 쩡더인가 봐요?" 그 아버지는 말하기를 "아니요, 내 아이는 샤우더라고 하고, 쩡더는 저예요."

11. 门铃坏了 초인종이 고장 났다.

Ménlíng huài le

Yí ge fūrén xiàng yí ge lái xiū ménlíng de xiūlǐ gōng bàoyuàn shuō: "Wǒ yǐwéi nǐ zuótiān huì lái xiū ménlíng de, wǒ děng le lǎo bàntiān, nǐ dōi méi lái." Xiūlǐ gōng shuō: "Shì de, wǒ láiguo liǎng cì, měi cì àn ménlíng dōu méi rén lái kāimén, wǒ jiù huíjiā le."

초인종이 고장 났다.

한 부인이 초인종 수리를 하러 온 수리공에게 불평을 하며 말하기를 "나는 어제 당신이 초인종을 수리하러 올 줄 알았는데, 한참 기다려도 오지 않았더군요." 수리공이 말하기를 "그렇습니다. 내가 두 번이나 왔었는데, 매번 초인종을 눌러도 문을 열어 주는 사람이 없어 그냥 집에 돌아갔어요."

12. 还债的方法 빚을 갚는 방법

Huánzhài de fāngfǎ

Yǒu mǒu jiǎ、mǒu yǐ hé mǒu bǐng sān ge rén, měi ge rén dōu qiàn tóng yí ge rén wǔ měiyuán. Zhàizhǔ sǐ hòu, zhè sān ge rén juédìng lìkè huánzhài. Jiǎ wǎng guāncái li fàng le wǔ měiyuán de zhǐbì, yǐ yě fàng le wǔ měiyuán. Bǐng wǎng guāncái li fàng le yì zhāng shíwǔ měiyuán de zhīpiào, ránhòu zhǎohuí le gānggāng fàng de nà liǎng zhāng wǔ měiyuán xiànchāo.

빚을 갚는 방법

어떤 갑, 을과 병 세 사람이 있었다. 매 사람마다 다 동일한 사람에게 5달러를 빚졌다. 채권자가 죽은 후 이 세 사람은 즉각 빚을 갚기로 결정을 했다. 갑은 관에다 5달러짜리 지폐를 넣었다. 을도 역시 5달러를 넣었는데, 병은 관 속에다가 15달러짜리 수표 한 장을 넣은 후 방금 넣은 그 5달러짜리 현찰 두 장을 거슬러 갔다.

13. 真灵 정말 영험하다.

Zhēn líng

Liǎng ge rén yìtóng dào yì kǒu xǔyuàn jǐng qián xǔyuàn. Qízhōng yí ge rén wānxià yāo xǔ le ge yuàn, hái wǎng jǐng li tóu le yí ge yìngbì. Lìng yí ge rén yě xiǎng xǔyuàn, dàn tā wānxià yāo shí yí bù xiǎoxīn jiù diào jìn jǐng li le. Zhàn zài pángbiān de nà ge rén jīngdāi le, zìyán zìyǔ dào: "zhēn líng a!"

정말 영험하다.

두 사람이 함께 한 우물 앞에 와서 소원을 빌고 있었다. 그 중 한 사람이 허리를 굽혀 소원을 빌며 우물 안으로 동전도 던졌다. 나머지 한 사람도 소원을 빌고 싶어 허리를 굽히자 조심하지 않아 우물 안으로 떨어져 버렸다. 옆에 있던 그 사람이 놀라서 혼잣말로 "정말 영험하군!" 했다.

14. 以后我不是亚当了 이제부터 나는 아담이 아니다.

Yǐhòu wǒ bú shì yàdāng le

Yí ge jīngshén bìng huànzhě tā yǐwéi zìjǐ shì yàdāng. Yīshēng yīzhì le hǎo jǐ ge yuè, zǒngsuàn bǎ tā yīzhì hǎo le. Yīshēng xiàng tā bǎozhèng: "Nǐ yǐhòu zài yě bú huì yǐwéi zìjǐ shì yàdāng le." "Shì ma!" Shuōwán, bìngrén ná chū zhǐ bǐ hěn shāngxīn de shuō: "Wǒ yào xiě xìn gěi xiàwá, bǎ zhè ge huài xiāoxi gàosu tā."

이제부터 나는 아담이 아니다.

한 정신병환자가 자신이 아담인 줄 알고 있었다. 의사가 그를 여러 달 동안 치료하여 간신히 치료를 다 마쳤다. 의사가 그에게 보증하기를 "당신은 다시는 자신이 아담이라고 여기지 않을 겁니다." "그래요?" 말을 마치자 그는 종이와 펜을 들어 상심하며 말하기를 "저는 이브에게 이 나쁜 소식을 알리려 편지를 써야겠어요."

15. 肉食动物 육식동물

Ròushí dòngwù

Lǎoshī: "Nǐ jiǎo shang chuān de shì shénme?"

Xuésheng: "Shì píxié."

Lǎoshī: "Pí shì cóng nǎr lái de?"

Xuésheng: "Shì cóng niú shēn shang lái de."

Lǎoshī: "Nàme, gōng nǐ píxié chuān, hái gōng nǐ ròu chī de dòngwù shì shénme?"

Xuésheng: "Shì wǒ bà."

육식동물

선생님: "네 발에 신고 있는 것은 무엇이니?"

학생: "가죽구두예요."

선생님: "가죽은 어디로부터 왔어?"

학생: "소의 몸에서 왔어요."
선생님: "그러면, 너에게 가죽 구두를 신을 수 있게 제공하고, 고기를 먹을 수 있도록 제공해 준 동물은 무엇이지?"
학생: "우리 아버지예요."

16. 打不着球 공을 치지를 못한다.

Dǎ bu zháo qiú

Dàifu quàngào yí wèi hěn pàng de huànzhě bǎ dǎ gāoěrfū zuòwéi jiǎnféi yùndòng. "Nà duì wǒ bù héshì." Huànzhě shuō, "Wǒ cóngqián shìguo, rúguǒ wǒ bǎ qiú fàng zài wǒ néng dǎ zháo de dìfang, wǒ jiù kàn bu jiàn qiú; fǎnguòlai, wǒ bǎ qiú fàng zài néng kànjiàn de dìfang, wǒ yòu dǎ bu zháo qiú le!"

공을 치지를 못한다.

의사가 한 뚱뚱한 환자에게 골프 치는 것을 다이어트 운동으로 삼으라고 권했더니, 그 환자는 "그것은 저에게 부적당해요."라고 말하며, "내가 이전에 한번 시도해 봤는데, 내가 만일 그 공을 내가 칠 수 있는 곳에 놓으면, 나는 공을 볼 수 없고 반대로, 내가 그 공을 보이는 곳에 놓으면 나는 공을 칠 수가 없어요."라고 말했다.

17. 吓跑了患者 겁을 줘 환자를 도망가게 했다.

Xià pǎo le huànzhě

Yí ge māma dài tā de érzi kàn yáyī, fùqián de shíhou bàoyuàn de shuō: "Zhēn bù míngbai, wǒ yǐwéi tā de yìzhì fèi shí kuài qián jiù gòu le, zěnme huì shì sìshí kuài qián ne?" Yīshēng shuō: "Fūrén, yìbān qíngkuàng xià shì shí kuài qián, méi cuò, kěshì nǐ de érzi dàshēng de jiàohǎn, jiéguǒ xiàpǎo le lìngwài sān ge huànzhě."

겁을 줘 환자를 도망가게 했다.

한 엄마가 아들을 데리고 치과진료를 받고 돈을 지불할 때 불평을 하며 말하기를 "참 이해가 안 되네요. 나는 이 아이의 치료비가 10원이면 충분하다고 여겼는데, 어떻게 40원이나 될 수가 있어요?" 의사가 말하기를 "부인, 일반적인 상황에서는 10원이 맞아요. 그러나 당신 아들이 소리를 지르는 바람에 결국 다른 환자 세 명을 놀라게 하여 도망가 버리게 했으니까요."

18. 我没喝醉 나는 취하지 않았다.

Wǒ méi hē zuì

Yí ge rén hēzuì le jiǔ, huídào jiā ménkǒu. Tā bǎ yàoshi náchūlai kāi mén, kěshì kāi le bàntiān, yě méi néng bǎ mén dǎkāi. Zhè shí, tā de línjū zǒuguòlai shuō: "Yào wǒ bāngmáng ma?" Zhè ge zuìhàn shuō: "Máfan nǐ bāng wǒ bǎ fángzi zhuāzhù, bié ràng tā huàng."

나는 취하지 않았다.

어떤 사람이 술에 취해 집 문 앞에 왔다. 그는 열쇠를 꺼내어 문을 열려고 했는데, 그러나 한참 동안 열려고 해도 문을 열 수가 없었다. 이때 그의 이웃이 걸어와서 "내가 도와 드릴까요?" 하고 말했다. 이 술에 취한 양반이 말하기를 "번거롭겠지만 이 집을 흔들리지 않도록 좀 잡아 주세요."

19. 真有能耐 수완이 좋다.

Zhēn yǒu néngnài

Lǎo yáng shì ge jīnglǐ, yīn tānwū shòuhuì bèi bǔ. Tā de xiàshǔ duì wàijiè jiěshì dào: "Wǒmen de jīnglǐ zhēn yǒu néngnài, tā zàiwèi de shíhou, chī de shì gāojí fàndiàn, zhù de shì gāojí bīnguǎn, wán de shì gāojí wǔtīng. Xiànzài chūshì le, jìn de yě shì gāojí fǎyuàn."

수완이 좋다.

라우양은 사장인데, 횡령과 뇌물수수로 체포되었다. 그의 부하직원이 외부에 설명하기를 "우리 사장은 정말 수완이 좋아요. 그가 재위시절에는 먹는 것은 고급 식당의 (음식)이고, 고급호텔에만 머물렀고, 고급무도장에서만 놀았죠. 지금 사건이 발생하자 들어간 곳도 고급법원(대법원)이에요."

20. 想法不同 생각이 다르다.

Xiǎngfǎ bù tóng

Fǎguān: "Zài nǐ xíng qiè shí, nǐ zěnme bú wèi nǐ de qīzi hé nǚér zháoxiǎng ne?"

Bèigào: "Fǎguān dàrén, xiǎng shì xiǎng le, kěxī de shì zhè jiā shāngdiàn li zhǐ mài nánrénmen de yīfu."

생각이 다르다.

법관: "도둑질할 때 당신은 왜 당신의 부인과 딸을 생각하지 않았어요?"
피고: "법관님, 생각이야 했지만 애석하게도 그 상점에는 남성복만 있었어요."

21. 多此一举 불필요한 행동

Duō cǐ yì jǔ

Liǎng ge péngyou yìqǐ qù dǎliè. Zǒu zài cónglín li, qízhōng yí ge péngyou hūrán jǔ qiāng wǎng tiān shang shèjī, jiēzhe yì zhī yěyā yìngshēng luòdì. Lìng yí ge péngyou shuō: "zhēnshì hǎo qiāngfǎ, búguò zhè yi qiāng wánquán shì duōyú de. Tā cóng nàme gāo de dìfang diàoxiàlai, shuāi yě shuāi sǐ le."

불필요한 행동

두 친구가 함께 사냥을 갔다. 숲 속을 걷고 있을 때, 그 중 한 친구가 갑자기 총을 들어 하늘을 향해 사격을 했더니 바로 물오리 한 마리가 소리와 함께 땅에 떨어졌다. 나머지 한 친구가 말하기를 "정말 좋은 총 솜씨이군. 그러나 이 총 한 발은 완전히 불필요했어. 이 오리가 저렇게 높은 곳에서 떨어지면, 떨어져서도 죽었을 것이다."

22. 改名字 이름 고치기

Gǎi míngzi

Xiǎo háo shíliù suì le, tā juédìng líkāi jiā qù dāng yí ge huájī yǎnyuán. Tā de bàba qì huài le, yào zǔzhǐ tā, shuō: "Ràng wǒ de érzi qù yǎnxì, yào zuò xiē guàili guàiqì de dòngzuò, zhēn diūliǎn! línjūmen zhīdao le, huì zěnme xiǎng?" Xiǎo háo zhǔdòng de tíchū bànfǎ, shuō: "Wǒ bú huì ràng nǐ diūliǎn de, wǒ huì gǎi míngzi." "Gǎi míngzi!" Tā bàba hǎnjiàozhe: "Zhèyàng gèng bù xíng, rúguǒ nǐ chū le míng zěnme bàn? zěnme ràng línjūmen zhīdao nǐ jiùshì wǒ de érzi ne!"

이름 고치기

샤우하우는 16세가 되자 집을 떠나 희극 배우가 되기로 결정했다. 그의 아버지는 매우 화가 나서 그를 저지하려 하며 말하기를 "아들을 연기하러 보내어 요상하고 기괴한 동작이나 하게 하다니, 정말 창피하다. 이웃 사람들이 알게 되면 어떻게 생각하겠어?"라고 했더니 아들은 주동적으로 방법을 제시하며 말하기를 "저는 아버지를 창피하게 여기지 않도록 하겠어요. 저는 이름을 바꿀 거예요." "이름을 바꾼다고?" 하며 아버지가 소리를 질렀다. "그건 더 안 된다. 만약 네가 유명해지면 어떻게 해? 어떻게 이웃들에게 네가 바로 내 아들이란 것을 알게 할 수 있겠어!"

23. 好消息和坏消息 좋은 소식과 나쁜 소식

Hǎo xiāoxi hé huài xiāoxi

Yīshēng duì tǎng zài bìngchuáng shang de yí wèi huànzhě shuō: "Wǒ gěi nǐ dàilái le hǎo xiāoxi hé huài xiāoxi, xiān shuō nǎ yí ge?" Nà ge bìngrén shuō: "Yīshēng, xiān shuō huài xiāoxi ba, wǒ néng rěnzhe." Yīshēng shuō: "Xiān gàosu nǐ yí ge bù hǎo de xiāoxi, wǒmen cuò jié le nǐ de nà tiáo hǎo tuǐ. Xiànzài wǒ zài lái gàosu nǐ yí ge hǎo xiāoxi, wǒmen fāxiàn nǐ nà shèngxià de yì tiáo tuǐ méi bìyào jiéchú le."

좋은 소식과 나쁜 소식

의사가 병원침대에 누워 있는 한 환자에게 말하기를 "제가 당신에게 좋은 소식과 나쁜 소식을 가져왔어요. 어느 것을 먼저 말할까요?" 그 환자는 말하기를 "의사선생님, 나쁜 소식부터 말해 주세요. 저는 참을 수 있어요." 의사가 말했다. "먼저 좋지 않은 소식을 알려 드리지요. 우리는 당신의 그 멀쩡한 다리를 잘못 잘랐습니다. 이제 좋은 소식 하나를 알려 드리겠습니다. 우리는 당신의 남은 다리 하나가 자를 필요가 없다는 것을 알게 되었습니다."

24. 只是想证实一下 단지 확인 좀 하려고 한다.

Zhīshì xiǎng zhèngshí yíxià

Zài jùcháng li, yǎnchū zhèngzài jìnxíngzhe, yí wèi guānzhòng zhànqǐlai yánzhe yì pái zuòwèi zǒuchūlai, láidào jùchǎng de xiūxi tīng, wèideshì chōu yì gēn yān. Jǐ fēnzhōng zhī hòu, tā yào huí zuòr lái le. Tā wèn zuò zài zhè yī pái zuìtóur shang de yí wèi guānzhòng: "Duì bu qǐ, wǒ gāngcái chūqù shí shì bu shì cǎi le nín de jiǎo?" "Shì de. Kěshì méi guānxi, gēnběn méiyǒu cǎitòng." "Bú shì nà ge yìsi, wǒ zhǐshì xiǎng zhèngshí yíxià, zhè shì bu shì wǒ zuò de nà yī pái."

단지 확인 좀 하려고 한다.

극장 안에 공연이 진행되고 있는데, 한 관중이 일어나 좌석 한 줄을 따라 걸어 나와 극장 휴게소로 왔다. 담배를 피기 위함이었다. 몇 분 후 그는 좌석으로 돌아가려 했다. 그는 그 좌석 줄의 첫자리에 앉아 있는 한 관중에게 "죄송하지만 내가 방금 나갈 때 당신의 발을 밟았죠?" 하고 물으니, "그렇습니다만, 괜찮습니다. 전혀 아프게 밟지 않았어요."라고 했다. "그 뜻이 아니라, 저는 단지 여기가 내가 앉았던 그 줄인지를 확인 좀 해 보려고요."

25. 征婚启事 공개청혼

Zhēnghūn qǐshì

Qīzi: "Jiéhūn bàn nián duō le, zěnme bú jiàn nǐ gǎo wénxué chuàngzuò?"

Zhàngfu: "Wǒ nǎ yǒu nà ge tiānfèn a!"

Qīzi: "Jiéhūn qián, nǐ zài 'zhēnghūn qǐshì' shang bú shì xiě le 'zài bào shang fābiǎo guò zuòpǐn' ma?"

Zhàngfu: "Wǒ zhǐ de jiùshì nà fèn 'zhēnghūn qǐshì'."

공개청혼

아내: "결혼한 지 반년이나 넘었는데, 어찌 당신이 문학창작을 하는 것을 볼 수 없어요?"
남편: "내가 어디 그런 능력이 있겠어!"
아내: "결혼 전에, 당신이 '공개청혼'에다가 '신문지상에 작품을 발표한 적이 있다'고 하지 않았어요?"
남편: "내가 말하는 것은 바로 그 '공개청혼'이야."

26. 別疏忽健康 건강을 소홀히 하지 마세요.

Bié shūhū jiànkāng

Fùqīn zài kàn tā nà mǎnhuái xīwàng de érzi dàihuílai de xuéxiào chéngjī dān. Tā biān kàn biān lùchū fènnù de biǎoqíng shuō: "yīngyǔ, chà; fǎyǔ, chà; shùxué, zhōng." Tā yànwù de piē le zài fādǒu de érzi yì yǎn. "Bàba, " érzi shuō: "Kěnéng chéngjī bú gòu lǐxiǎng, dàn nín kàndào nà yí xiàng le ma？" Tā zhǐ le zhǐ xià yī háng: "Jiànkāng zhuàngkuàng, yōu."

건강을 소홀히 하지 마세요.

아버지는 희망을 가득 품고 있는 아들이 가져온 학교 성적표를 보았다. 그는 보면서 동시에 분노하는 얼굴색이 나타났다. "영어, 나쁘다. 불어, 나쁘다. 수학, 중간." 그는 혐오스러워하며 떨고 있는 아들을 째려봤다. "아버지" 아들이 말하기를 "어쩌면 성적은 이상적이지는 못할 수도 있다. 그러나 그 항목을 보셨어요?" 그는 "건강상태 양호"라고 쓰여 있는 다음 줄을 가리키며 말했다.

27. 蚯蚓不够用 지렁이가 충분하지 못하다.

Qiūyǐn bú gòu yòng

Lǎoshī: "Tóngxué, nǐ wèishénme shàngkè chídào le?"

Xuésheng: "Běnlái wǒ shì xiǎng qù diàoyú de, dàn hòulái bàba bú ràng wǒ qù le."

Lǎoshī: "Tā zuò de duì, tā yídìng gàosu nǐ yīnggāi lái shàngkè, shàngkè de shíjiān bù yīnggāi qù diàoyú."

Xuésheng yáoyao tóu shuō: "Bù, tā shuō, tā de qiūyǐn tài shǎo le, bú gòu wǒmen liǎng ge rén yìqǐ yòng."

지렁이가 충분하지 못하다.

선생님: "학생, 너는 왜 수업에 지각했니?"

학생: "원래 저는 낚시 하러 갈려고 했는데, 나중에 아버지가 가지 못하게 했어요."

선생님: "아버지께서 잘하셨어. 아버지는 분명히 수업을 하러 가야 하며, 수업시간에 낚시를 하러 가면 안 된다고 말하셨겠지."

학생은 고개를 흔들며 말하기를 "아니요. 아버지 말씀이 지렁이가 너무 적어 우리 두 사람이 함께 쓰기에 충분하지 못하다고 하셨어요."

28. 不幸中的大幸 불행 중 다행

Búxìng zhōng de dàxìng

Mǒu shāngdiàn bèi qiángdào tōu le. Dì èr tiān, diànzhǔ duì lái cháàn de jǐngchá shuōmíng qíngkuàng, ránhòu shuō: "Gǎnxiè shàngdì, xìnghǎo qiángdào bú shì qiántiān wǎnshang, érshì zuótiān wǎnshang lái de." Jǐngchá wèn: "Qiántiān gēn zuótiān yǒu shénme bù tóng?" Diànzhǔ shuō: "Zuótiān zǎoshang kāishǐ, wǒ bǎ quánbù shāngpǐn dōu jiàng dào bànjià, yàoshi qiántiān wǎnshang, wǒ de sǔnshī kě dà le."

불행 중 다행

어떤 상점이 도둑에게 털렸다. 그다음 날 가게주인이 조사하러 온 경찰에게 상황을 설명한 후 말하기를 "하느님 감사합니다. 다행히 도둑이 그제 저녁이 아닌 어제 저녁에 왔어요." 경찰이 묻기를 "그제나 어제나 무엇이 다릅니까?" 가게주인이 말하기를 "어제 아침부터, 내가 모든 상품을 반값으로 내렸거든요. 만약 그제 저녁이었다면 내 손실이 컸을 겁니다."

29. 推销绝招 판매의 뛰어난 재간

Tuīxiāo juézhāo

Yǒu ge zuòjiā xiě le yí bù xiǎoshuō, kěshì méiyǒu rén mǎi, yìzhí duī zài shūdiàn de yí ge jiǎoluò shang. Zuòjiā dòng le nǎojīn, zài bàozhǐ shang dēng le yí ge guǎnggào, búliào yì tiān nèi biàn bèi wèihūn shàonǚ quánbù dōu qiǎnggòu le. Nà ge guǎnggào de nèiróng shì: 'Běn xiǎoshuō de zuòzhě shì ge bǎi wàn fùwēng, wèihūn, yīngjùn yǒuwéi. Tā suǒ xīwàng jiéhūn de duìxiàng jiùshì běn xiǎoshuō zhōng suǒ miáoxiě de nǚ zhǔréngōng!'

판매의 뛰어난 재간

한 작가가 소설을 한 부 썼는데, 사는 사람이 없어 계속 서점의 한 구석에 쌓여 있었다. 작가는 머리를 굴려 신문에 광고 하나를 실었는데, 예상치 못하게 하루 만에 미혼 아가씨들에 의해 앞다투어 모두 구매해 버렸다. 그 광고의 내용은: '본 소설 작가는 백만장자이고, 미혼이며, 준수한 용모에 유능하다. 그가 희망하는 결혼상대는 바로 이 소설 속에 묘사된 여주인공이다!'

30. 我在等那个球 나는 그 공을 기다리고 있다.

Wǒ zài děng nà ge qiú

Yǒu yí ge rén tūnxià le yì zhī gāoěrfū qiú. Yīshēng wèi tā dòng shǒushù, xiǎng bànfǎ bǎ qiú cóng tā de hóulóngli qǔchūlai. Shǒushù chǎngmiàn fēicháng jǐnzhāng. Yǒu yí ge rén zài hòuzhěn shì jiāojí de děngzhe, hùshi jiù ānwèi tā shuō: "Nǐ dàgài shì tā de fùqīn ba! qǐng fàngxīn, mǎshàng jiù hǎo." nà ge rén shuō: "Wǒ bú shì tā de bàba, érshì zài děng nà ge qiú, hái yào náhuíqu jìxù bǐsài ne."

나는 그 공을 기다리고 있다.

어떤 사람이 골프공을 삼켜 버렸다. 의사가 그를 위해 수술을 하여 그의 목구멍에서 공을 빼내려 방법을 강구하고 있었다. 수술 장면은 매우 긴박했다. 한 사람이 진찰 대기실에서 아주 초조하게 기다리고 있어서 간호사가 그를 위로하며 말하길 "당신이 아마 그의 아버지인가 봐요! 안심하세요. 곧 마칩니다." 그 사람이 말하기를 "나는 그의 아버지가 아니라 그 공을 기다리고 있어요. 그것을 가져가 시합을 계속해야 하니까요."

31. 反正赔不起 어쨌든 배상할 능력이 없다.

Fǎnzhèng péi bu qǐ

Yí ge qióngkǔ de xiǎoshuō jiā hé tā de fángdōng dìng qìyāo. Fángdōng zài qìyuē shang xiě míng, jiǎrú xiǎoshuō jiā bú shèn yǐnqǐ huǒzāi shāo le fángzi, bìxū péicháng shí wàn yuán. Xiǎoshuō jiā kān le qìyuē, bùjǐn wèi biǎoshì yìyì, érqiě hái tíbǐ zài '100,000yuán' hòumian yòu jiā shang yí ge '0'zì. "Zěnme, yìbǎi wàn yuán?" Fángdōng jīngxǐ de hǎn dào. "Shì de, " xiǎoshuō jiā bú dòng shēngsè de huídá, "fǎnzhèng yíyàng péi bu qǐ."

어쨌든 배상할 능력이 없다.

한 가난한 소설가가 그의 집주인과 계약을 맺고 있었다. 집주인은 만약 소설가가 실수로 화재를 내어 집을 태웠을 경우 반드시 10만 원을 배상한다고 계약서에 썼다. 소설가가 이 계약서를 보고 이의를 표명하지 않을 뿐 아니라 펜을 들어 '100,000원' 뒤에 0을 하나 더 붙였다. "왜, 백만 원입니까?" 집 주인이 놀라며 외쳤다. "그래요." 소설가는 얼굴색 하나 변하지 않으며 대답하기를 "어차피 배상할 수 없는 것은 마찬가지니까요."

32. 喝酒的好处 술 마시는 좋은 점

Hē jiǔ de hǎochù

Yí ge yīshēng wèile shuōmíng yǐnjiǔ de huàichù, bǎ liǎng tiáo xiǎochóng fēnbié fàngjìn yí ge zhuāngzhe jiǔ de píngzi hé yí ge zhuāngzhe shuǐ de píngzi li. Fàngjìn jiǔpíng li de xiǎochóng hěn kuài jiù sǐ le, ér fàngjìn shuǐpíng li de nà tiáo hái zài zhēngzházhe. Yīshēng duì zhōuwéi de rén shuō: "Nǐmen kàn, zhè jiùshì yǐnjiǔ de hàichù." Zhè shí, rénqún zhōng yǒu yí ge jiǔtú dàshēng hǎn dào: "Zhè jiù duì le, hē jiǔ rén de dùzi li shì bú huì zhǎng chóngzi de!"

술 마시는 좋은 점

한 의사가 음주의 폐해에 대해 설명하기 위해 벌레 두 마리를 각각 술이 담긴 병과 물이 담긴 병 속에 넣었다. 술병에 넣은 벌레는 곧바로 죽었지만 물병에 넣은 그 벌레는 아직 발버둥치고 있었다. 의사는 주위에 있는 사람들에게 말하기를 "보세요. 이것이 바로 음주의 폐해입니다." 이때, 사람 무리 중에 한 술꾼이 큰 소리로 외치길: "바로 이거야. 술 마시는 사람의 뱃속에는 벌레가 생길 수 없어."

33. 这是我定的规则 이것은 내가 정한 규칙이다.

Zhè shì wǒ dìng de guīzé

Xiǎo Zhāng xǐhuan xiàng rén jiè shū. Tā de línjū xiǎngchū yí ge bànfǎ xiǎng niǔzhuǎn tā de xíguàn. Dāng Xiǎo Zhāng yòu xiàng línjū jiè shū shí, zhè wèi línjū shuō: "kěyǐ, kěyǐ. Dànshì wǒ dìng le yì tiáo guīzé: 'Fánshì cóng wǒ de shūfáng li jièqù de túshū bìxū dāngchǎng yuèdú'." Yì xīngqī hòu, zhè wèi línjū xiàng Xiǎo Zhāng jièyòng gēcǎo jī. Xiǎo Zhāng shuō: "dāngrán kěyǐ, háowú wèntí. Búguò wǒ yě dìng le yì tiáo guīzé, gēn nǐ yíyàng, fánshì cóng wǒ jiā li jièqù de dōngxi zhǐ néng zài wǒ jiā li shǐyòng."

이것은 내가 정한 규칙이다.

샤우쨍은 다른 사람에게서 책을 빌리는 것일 좋아한다. 그의 이웃은 그의 습관을 바꾸고자 방법을 하나 생각해 냈다. 샤우쨍이 또 이웃에게 책을 빌리려 할 때 이 이웃은 "됩니다. 되죠. 그러나 내가 규칙을 하나 정했는데, '무릇 내 서재에서 빌려 가는 책은 반드시 이 자리에서 읽어야 한다'."라고 말했다. 한 주 후, 이 이웃이 샤우쨍에게서 풀 깎는 기계를 빌려 쓰고자 하니, 샤우쨍이 말하기를 "당연히 되지요. 전혀 문제가 없어요. 그러나 나도 규칙을 하나 정했는데 당신과 마찬가지에요. 무릇 우리 집에서 빌려 가는 물건은 우리 집에서만 사용해야 합니다.

34. 不男不女 남자도 아니고 여자도 아니고

Bù nán bù nǚ

Yí wèi lǎorén zuò zài gōngyuán li de cháng yǐzi shang. Tā duì yì xiē niánqīng rén de chuān dài hěn yǒu fǎngǎn. Duì páng zuò de yí ge rén shuō: "Qiáo, nà ge rén, tā dàodǐ shì ge nánhái háishì gě nǚhái? Chuān de zěnme zhèyàng, bù nán bù nǚ de, zhēn ràng rén kān bu guàn." "shì ge nǚhái, tā shì wǒ nǚr." Páng zuò de rén shuō le. Zhè wèi lǎorén gǎndào hěn bù hǎo yìsi, dàoqiàn de shuō: "ō! qǐng yuánliàng! wǒ bù zhīdao nín shì tā māma." "Bú shì" Zhè wèi páng zuò de rén nùqì chōngchōng de shuō: "wǒ shì tā bàba."

남자도 아니고 여자도 아니고

한 노인이 공원 벤치에 앉아 있는데, 그는 젊은이들의 옷차림에 대해 반감을 가지고 있었다. 그는 옆자리에 있는 사람에게 말하기를 "저 사람을 좀 보세요. 도대체 남자예요 아니면 여자예요? 옷 입은 게 어찌 저런지. 남자도 아니고 여자도 아니고, 정말 보기에 거북해요." "여자예요. 제 딸이거든요." 하고 옆자리에 있는 사람이 말했다. 그 노인은 너무 미안해서 그 사람에게 사과하며 말하기를 "오! 용서해 주세요! 저는 당신이 그의 엄마인 줄 몰랐어요!" "아니에요!" 옆자리 사람이 화를 버럭 내며 말하기를 "나는 그의 아버지예요."

35. 有力的证明 유력한 증명

Yǒulì de zhèngmíng

Yí ge xiǎo nánhái bèi chē zhuàng le. Tā de māma bǎ nà sījī gàodào fǎyuàn, shuō tā de háizi shòushāng le. Fǎguān wèn le shòu shāng de chéngdù, māma kūzhe huídá shuō: "Tā de shǒu xiànzài zhǐnéng jǔdào xiàbā, zài yě shàng bú qù le." háizi tóngshí zài pángbiān shìfàn gěi dàjiā kàn, jǔjǔ shǒu, hěn chīlì de cái jǔ dào bózi, mǎnliǎn tòngkǔ biǎoqíng. Fǎguān yòu wèn: "Nàme yǐqián néng jǔ duō gāo?" māma shuō: "Néng jǔ guò tóudǐng." Háizi yě wèile zhèngmíng māma de huà, fēikuài de jiāng shǒu jǔ guò tóudǐng, xiǎnchū hěn qīngsōng de yàngzi.

유력한 증명

한 남자아이가 차에 치었다. 그의 엄마는 자기 아들이 다쳤다며 그 운전기사를 법원에 고발했다. 법관이 다친 정도를 물었더니 그의 엄마는 울면서 대답하기를 "이 아이의 손은 지금 턱까지만 들 수 있지 다시는 그 이상 올릴 수가 없어요." 아이는 옆에서 동시에 사람들에게 시범을 해 보였다. 손을 들어 보이는데, 아주 힘겹게 목까지 들었고, 얼굴에는 온통 고통스러운 표정이었다. 법관이 또 물었다: "그렇다면 이전에는 얼마나 높이 들 수 있었습니까?" 엄마가 말하기를 "머리 꼭대기 위로 들어 올릴 수 있었어요." 아이도 엄마의 말을 증명하기 위해 재빨리 손을 머리 꼭대기 위로 들어 올렸다. 그리고 아주 홀가분한 모습이었다.

36. 我把车停住了 내가 차를 멈추게 했다.

Wǒ bǎ chē tíngzhù le

Yí wèi fūrén chuānguò yí ge tíngchē chǎng shí, kànjiàn yí liàng wúrén jiàshǐ de chē mànman xiàng tā huáguòlai. Tā yòng fēicháng mǐnjié de dòngzuò quánsù páoguòqu, dǎkāi chēmén, tiàojìn chē, lādòng jǐnjí shāchē, bǎ chē tíng le xiàlai. Dāng tā cóng chē li chūlái shí, xǔduō rén xùnsù xiàng tā zǒulái, qízhōng yǒu yí ge chuānzhe gōngzuò fú de nánrén zǒujìn tā. "ā! shì wǒ bǎ chē tíngzhù le!" Tā zìháo de xuānbù. "Shì de, wǒ zhīdao." Nà ge rén huídá. "Shì wǒ zhēngzài tuīchē."

내가 차를 멈추게 했다.

어떤 부인이 주차장을 지나는데 사람이 운전하고 있지 않는 차 한 대가 그녀를 향해 천천히 미끄러지듯 오고 있는 것을 보게 되었다. 그녀는 가장 민첩한 동작으로 전속력을 다해 뛰어가서 차 문을 열고 뛰어 들어가 긴급 브레이크를 잡아 올려 차를 멈추게 했다. 그녀가 막 차에서 나오니 많은 사람이 그를 향해 신속히 걸어왔다. 그 중에 작업복을 입고 있는 한 남자가 그녀 가까이 걸어오기에 "아! 제가 차를 멈추게 했어요." 하고 그녀는 아주 자신 있게 말을 했더니, "그래요. 제가 알고 있어요." 하며 "제가 차를 밀고 있었어요."라고 대답했다.

37. 表达感激之情 감사의 표현

Biǎodá gǎnjī zhī qíng

Yí ge cáifeng jiè gěi lǐfàshī yì bǐ qián, wèile biǎodá gǎnjī zhī qíng, lǐfàshī duì cáifeng shuō: "Péngyou, wúlùn nǐ shénme shíhou yǒu le kùnnan, rúguǒ rénmen dōu bù kěn bāngzhù nǐ, nǐ fùmǔ pāoqì le nǐ, shènzhì nǐ de xiōng dì jiě mèi yě bù lǐ nǐ, péngyou dōu lí nǐ ér qù, fǎnzheng nǐ lái zhǎo wǒ hǎole, wǒ bǎozhèng miǎnfèi gěi nǐ lǐfà."

감사의 표현

한 재봉사가 이발사에게 돈을 좀 빌려 주자 감사하는 마음을 전하기 위해 이 이발사는 재봉사에게 말하기를 "친구야, 네가 언제 어려움이 생겼든지 간에, 만약 사람들도 다 돕지 않으려 하고, 부모도 너를 버리고, 심지어 네 형제자매도 너를 거들떠보지 않고, 친구들도 다 너를 떠나고, 어쨌든 간에 너는 나를 찾아와라. 보증하건대 내가 공짜로 이발해 줄 수 있어."

38. 技术不好 기술이 좋지 않다.

Jìshù bù hǎo

Liǎng ge péngyou yìqǐ qù kàn mǎxì biǎoyǎn. Kànwán biǎoyǎn, liǎng ge péngyou tánlùn tāmen kàndào de nà xiē jīngxiǎn chǎngmiàn. Xiǎo qiáng wèn: "Wǒ juéde nà ge biǎoyǎn fēidāo de rén bìng bù zěnmeyàng, nǐ rènwéi ne?" "Wǒ juéde nà ge rén biǎoyǎn de tài bàng le!" Xiǎo liàng rèxīn de shuō le. "Wǒ bú rènwéi." Xiǎo qiáng shuō: "Tā bù tíng de bǎ dāo xiàng nà nǚ yǎnyuán rēngqù, kě yí cì dōu méi rēngzhòng, jìshù tài chà le."

기술이 좋지 않다.

두 친구가 함께 서커스 공연을 보러 갔다. 공연을 다 보고, 두 친구는 그들이 본 아슬아슬한 장면들에 대해 이야기를 나누었다. 샤우창이 묻기를 "내 생각에 그 칼 던지기를 공연한 사람은 별로야, 너 생각은 어때?" "내 생각에는 그 사람의 공연이 아주 멋졌는데!" 하며 샤우량이 열성적으로 말했다. "음, 나는 그렇게 생각 안 해." 샤우창이 말했다. "그가 쉬지 않고 칼을 그 여자 배 위를 향해 던졌는데, 그러나 한 번도 맞히지 못했어, 기술이 형편없어."

39. 猫知道吗? 고양이는 알고 있나요?

Māo zhīdao ma?

Yǒu yí wèi jīngshén bìng huànzhě zǒng rènwéi zìjǐ shì lǎoshǔ. Tā zài yīshēng de bāngzhù xià, zhōngyú kāngfù le. Chūyuàn de nà tiān, zhè ge huànzhě gānggang zǒu dào ménkǒu, tūrán yǒu yì zhī māo chūxiàn zài tā de miànqián, lìng tā mù dèng kǒu dāi. Yīshēng shuō: "Bié pà, nǐ xiànzài yǐjīng hǎo le. wèishénme hái nàyàng?" Huànzhě shuō: "wǒ zhīdao Tā yǐjīng bú shì lǎoshǔ le. kě māo zhīdao ma?"

고양이는 알고 있나요?

한 정신병환자가 늘 자신이 쥐라고 여기고 있었는데, 의사의 도움으로 드디어 건강을 회복하게 되었다. 퇴원하는 날 이 환자가 병원 문을 막 나서는데, 갑자기 고양이 한 마리가 그의 앞에 나타났다. 그로 하여금 어안이 벙벙하게 했다. 의사가 말하기를 "무서워하지 마세요. 당신은 지금 이미 다 나았어요. 왜 아직 그래요?" 환자가 말하기를 "저는 제가 이미 쥐가 아니라는 것을 알고 있지만 고양이는 알고 있어요?"

40. 这不是屁股 이것은 엉덩이가 아니다.

Zhè bú shì pìgu

Yí wèi gāng bìyè jiù kāishǐ rènjiào de xiǎoxué měishù lǎoshī, zài hēibǎn shang huà le yí ge píngguǒ, wèn xuésheng: "Zhè shì shénme ya?" Xuéshengmen yìkǒu tóngshēng de shuō: "Zhè shì pìgu." Tā yǐwéi xuésheng liánhéqǐlái qīfù tā, jiù kūzhe qù zhǎo xiàozhǎng. Xiàozhǎng tīng hòu dào jiàoshì xùnchì xuésheng shuō: "Nǐmen yuèláiyuè bú xiàng huà le, wèishénme yòu bǎ lǎoshī qì kū le?" Huítóu yí kàn hēibǎn, gèng shēngqì le: "a! nǐmen hái zài hēibǎn shang huà le ge pìgu!"

이것은 엉덩이가 아니다.

막 졸업하자 부임하여 가르치기 시작한 한 초등학교미술선생님이 칠판에 사과 한 개를 그려 놓고 학생들에게 묻기를 "이것은 무엇입니까?" 학생들은 이구동성으로 "이것은 엉덩이입니다."라고 말하자, 여교사는 학생들이 연합하여 자신을 괴롭히는 줄 알고 울면서 교장선생님을 찾아갔다. 교장선생님은 들은 후 교실로 가서 학생들을 훈계하며 말하길 "너희들 점점 말이 안 되게 구는구나. 왜 또 선생님 화를 돋우어 울게 만들었니?" 그리고는 고개를 돌려 칠판을 보고는 더욱 화가 났다. "아! 너희들 칠판에다가 엉덩이까지 그렸구나."

41. 狗知道这个谚语吗? 개는 이 속담을 압니까?

Gǒu zhīdao zhè ge yànyǔ ma?
Yì tiān, yí ge Fǎguó rén dào tā de Yīngguó péngyou jiā li qù zuòkè. Dāng tā zǒu jìn péngyou de fángzi shí, yì tiáo dà gǒu pǎochūlai chōng tā jiàoqǐlai. Zhè ge Fǎguó rén xià de bù gǎn wǎng qián zǒu le. Zhè shí, nà ge yīngguó rén zǒuchūlai, kànjiàn le tā de péngyou, "Bié hàipà!" Tā shuō, "Nǐ nándào bù zhīdao 'jiào gǒu bù yǎo rén' zhè ge yànyǔ ma?" "o, wǒ zhīdao," Fǎguó rén mǎshàng huídá shuō: "Wǒ yě zhīdao zhè ge yànyǔ, nǐ yě zhīdao zhè ge yànyǔ, kě zhè tiáo gǒu zhīdao zhè ge yànyǔ ma?"

개는 이 속담을 압니까?

하루는 한 프랑스 사람이 그의 영국 친구 집에 놀러갔다. 그가 친구의 집에 가까이 걸어갔을 때 큰 개 한 마리가 뛰어나와 그를 향해 짖어대기 시작했다. 이 프랑스사람은 놀라서 앞으로 더 나가기를 두려워했다. 이때 그 영국인이 걸어 나와 그 친구를 보고는 "무서워하지 마!" 하고 말했다. "너는 설마 '짖어대는 개는 물지 않는다'라는

속담도 모른단 말이야?" "오, 알고 있어." 하고 프랑스인이 바로 대답하기를 "나도
이 속담을 알고, 너도 이 속담을 알지만 저 개는 이 속담을 알고 있을까?"

42. 二加二不一定等于四 2 더하기 2는 꼭 4가 아닐 수도 있다.

Èr jiā èr bù yídìng děngyú sì

Yí ge gōngsī xiǎng zhāopìn yì míng nǚ mìshū. Dì yī tiān, jiù yǒu bù shǎo
niánqīng yǒuwéi de xiǎojiě qiánlái yìngpìn, dàn àn jīnglǐ de yāoqiú miànshì
hòu, jìngrán yí ge yě méi bèi xuǎnzhòng. Dì èr tiān, yòu lái le yì xiē
xiǎojiě, jīnglǐ xiàng tāmen tíchū yí ge wèntí, "èr jiā èr děngyú jǐ?" Yí wèi
xiǎojiě mǎshàng shuō: "Shì sì." Jīnglǐ zuòchū shīwàng de biǎoqíng yáoyáo
tóu, shénme yě méi shuō. Zhè shí yí wèi xiǎojiě qīngshēng de shuō:
"Xiānsheng, nín xǐhuan děngyú jǐ jiù děngyú jǐ ba!" Jiéguǒ tā bèi
xuǎnzhòng le.

2 더하기 2는 꼭 4가 아닐 수도 있다.

한 회사에서 여비서를 초빙하고자 하는데, 첫째 날 바로 적지 않은 수의 젊고 유능한
아가씨들이 응모하러 왔다. 그러나 사장의 요구대로 면접을 봤지만, 뜻밖에 하나도
뽑히지 않았다. 두 번째 날 또 아가씨들이 왔는데, 사장은 그들에게 질문을 하나 던
졌다. "2 더하기 2는 몇입니까?" 한 아가씨가 바로 "4입니다."라고 말했더니, 사장
은 아주 실망스러운 표정으로 고개를 저으며 아무 말도 하지 않았다. 이때 한 아가
씨가 작은 목소리로 말하기를 "선생님, 당신이 몇이라고 하고 싶으면 몇이 됩니다."
결국은 그녀가 뽑혔다.

43. 广告与定价 광고와 정가

Guǎnggào yú dìngjià

Gùkè: "Zhè liàng zìxíng chē zěnme méiyǒu dēng ne? guǎnggào li yǒu a!"

Diànzhǔ: "Shì de. Dàn chēdēng yào lìngwài shōufèi."

Gùkè: "Jìrán guǎnggào li yǒu chēdēng, dìngjià jiù gāi bāokuò chēdēng zài
nèi, bú shì ma?"

Diànzhǔ: "Wǒmen guǎnggào huà li, chē shang hái qízhe yí wèi piàoliang
xiǎojiě ne!"

광고와 정가

고객: "이 자전거는 어떻게 등이 없어요? 광고 속에는 있던데."
상점주인: "그렇습니다. 그러나 차등은 별도로 비용을 받습니다."
고객: "기왕 광고 속에 차등이 있다면 가격에 차의 등도 포함되어 있어야 하지 않나요?"
상점주인: "우리 광고 그림 속의 차에는 예쁜 아가씨가 타고 있는데요."

44. 你不可能是真的大夫 당신은 진짜 의사일 리가 없다.

Nǐ bù kěnéng shì zhēn de dàifu

Yí ge bìngrén kànwán bìng yǐhòu, yǒu diǎnr jǐnzhāng de wèn dàifu: "Nǐ bú shì zhēn de dài fu ba?" Dàifu shuō: "Wèishénme zhème shuō ne?" Bìngrén huídá: "Yǐqián wǒ kàn bìng de shíhou, dàifumen chénmò guǎyán, shuō de huà wǒ cháng tīng bu dǒng, yàofāng shang de zì yě kàn bu qīngchu, kěshì nǐ de huà wǒ dōu tīng de dǒng, yàofāng shang de zì yě dōu kàn de qīngchu, suǒyǐ, nǐ zěnme kěnéng shì zhēn de dàifu ne?"

당신은 진짜 의사일 리가 없다.

한 환자가 진료를 마친 후에 좀 긴장하며 의사에게 묻기를 "당신은 진짜 의사가 아니지요?" 의사가 말하기를 "왜 그렇게 말하세요?" 환자가 대답하여 말하기를 "이전에 내가 진찰을 받을 때 의사들은 말수가 적으면서 침묵했으며, 하는 말도 늘 알아들을 수 없고, 약 처방전의 글자도 잘 알아보지 못했습니다. 그러나 당신의 말을 나는 다 알아들을 수 있고, 약 처방전에 있는 글도 뚜렷하게 다 보이니, 당신이 어떻게 진짜 의사일 수가 있어요?"

45. 一条鲸鱼价钱 고래 한 마리의 가격

Yì tiáo jīngyú jiàqián

Yì míng gōngsī zhíyuán gāng lǐngdào xīnshuǐ, dàizhe tàitai shàng yì jiā háohuá de cānguǎn chī le yí dùn. Chīwán hòu, cānguǎn fúwùyuán lái jiézhàng, gōngsī zhíyuán wèn: "Zěnme yì bēi jiǔ yào zhème duō qián?" "Méi cuò, zhè shì běn diàn de guījù, yì bēi jiǔ yě àn yì píng jiàqián lái

suàn, qítā xiàngmù yě shì zhèyàng." fúwùyuán shuō le. Zhè míng Zhíyuán
de tàitai tīng le zhè jù huà, liǎnsè yíxiàzi biàn bái le. Zhàngfu kàn le
xiàhuài le, máng wèn: "Zěnme huí shì?" "Gāngcái wǒmen chī de shì yí
kuài jīngyú ròu!"

고래 한 마리의 가격

한 회사 직원이 막 월급을 타자 부인을 데리고 호화로운 한 식당에 가서 식사를 했
다. 식사를 마치고 식당종업원이 계산을 하러 왔다. 직원에게 묻기를 "어떻게 술 한
잔에 이렇게 많은 돈을 요구하세요?" "맞습니다. 이것은 우리 식당의 규정입니다. 술
한 잔도 한 병의 가격에 따라 계산합니다. 다른 항목도 그렇습니다."라고 종업원이
말했다. 이 직원부인이 이 말을 듣자 얼굴색이 갑자기 하얗게 변했다. 남편이 보자
놀라서 바로 묻기를 "어떻게 된 일이야?" "방금 우리가 먹은 것은 고래 고기 한 덩
어리예요."

46. 为的是坐你的椅子 당신의 자리에 앉기 위해서이다.

Wèideshì zuò nǐ de yǐzi

Lì shā gēn jǐ ge péngyou qù wǔtīng tiàowǔ. Bié de péngyou dōu chūchǎng
tiào qǐ wǔ le, Lì shā yí ge rén méiyǒu wǔbàn, zhǐhǎo gān zuòzhe, yòu
wúliáo yòu méi miànzi. Zhè shí yíngmiàn zǒu lái yí ge nánshì, Lì shā
gāoxìng jí le. nà nánzi wèn dào: "Xiǎojiě, nǐ yào tiào wǔ ma?" Lì shā
máng zhànqǐlai yǒu lǐmào de shuō: "Dāngrán yào." "Hǎo jí le!" Nà nánshì
shuō, "Wǒ kěyǐ zuò nǐ de yǐzi le."

당신의 자리에 앉기 위해서이다.

리사는 몇몇 친구와 무도장에 춤을 추러 갔다. 다른 친구는 다 나가서 춤을 추기 시
작했는데 리사만이 파트너가 없어서 덧없이 앉아 있기만 하여 무료하고도 체면이 서
지 않았다. 이때 맞은편에서 한 남자가 걸어오자 리사는 매우 기뻤다. 그 남자가 묻
기를 "아가씨, 춤추시겠어요?" 리사는 급히 일어나 예의바르게 대꾸했다. "당연하지
요." "잘됐네요." 그 남자가 말했다. "저는 당신 자리에 앉으면 되겠네요."

47. 最美的东西 가장 아름다운 것

Zuì měi de dōngxi

Zài zuòwén kè shang, xuéshengmen xiě yì piān tímù wéi <wǒ suǒ jiàndàoguo de zuì měi de dōngxi> de wénzhāng. Zài zhěng ge bān li kànqǐlai duì měi zuì bù mǐngǎn de yí ge xuésheng yòng lìng rén chījīng de sùdù dì yī ge jiāo le juàn. Zhè piān zuòwén duǎn ér èyào. Tā xiě dào: "Wǒ suǒ jiàndàoguo de zuì měi de dōngxi měi de wúfǎ yòng yǔyán lái biǎodá."

가장 아름다운 것

작문 수업에, 학생들은 <내가 본 것 중에 가장 아름다운 것>이란 제목으로 문장을 쓰고 있었다. 반 전체에서 보기에는 아름다움에 대해 가장 민감하지 않을 것 같은 한 학생이 놀랄 만한 속도로 가장 먼저 작문을 제출했다. 이 작문은 간단하면서 요약이 잘 되어 있었다. 그가 쓰기를 "내가 본 것 중 가장 아름다운 것은 언어로 표현할 수 없을 정도로 아름답다."

48. 刚刚去过动物园 방금 동물원에 갔었다.

Gānggang qùguo dòngwù yuán

Yí ge māma bàozhe yí ge xiǎoháir zǒu jìn yínháng. Xiǎoháir shǒu li názhe yí kuài miànbāo, zhí shēnguòqu ná gěi yíngyè yuán chī. Yíngyè yuán wēixiàozhe yáo le yáo tóu. "Bú yào zhèyàng, guāi guāi, bú yào zhèyàng!" Nà ge māma duì xiǎoháir shuō le, ránhòu zhuǎn guò tóu rai duì yíngyè yuán bàoqiàn de shuō: "Duì bu qǐ, qǐng nǐ yuánliàng tā, yīnwèi tā gānggang qùguo dòngwù yuán."

방금 동물원에 갔었다.

한 엄마가 아이 하나를 안고 은행에 걸어 들어갔습니다. 아이는 손에 빵을 한 조각 들고 있었는데, 그 손을 쭉 뻗어 직원에게 먹으라고 했다. 직원은 미소를 지으며 고개를 저었다. "이러지 마! 착하지, 이러지 마!" 하고 그의 엄마가 아이에게 말했다. 그리고는 고개를 돌려 직원에게 미안해하며 말하기를 "미안합니다. 얘를 용서하세요. 방금 동물원에 갔었기 때문이에요."

49. 学声乐的好处 성악 배우는 좋은 점

Xué shēngyuè de hǎochù

Zhāng tàitai hěn déyì de duì péngyou shuō: "Wǒ de nǚr xué shēngyuè, tài lìng wǒ gāoxìng le." "Zěnme, shì tā shǐ nǐ tīngdào měimiào de gēshēng le, háishì nádào shénme yīnyuè jiǎng le?" Péngyou wèn le。 "Cuò le, nǐ xiǎng bú dào ba! tā shǐ wǒ hěn róngyi mǎidào línjū de fángzi, érqiě jiàqián piányi le yíbàn. Zhè jiā rén qiántiān bān zǒu le."

성악 배우는 좋은 점

장씨 부인은 의기양양해 하며 친구에게 말하기를 "내 딸이 성악을 배우는데, 나를 너무 기쁘게 해 줬다." "왜, 그 애가 너한테 아름다운 노래를 들려줬니, 아니면 무슨 음악상이라도 받았니?" 하고 친구가 물었더니, "틀렸어. 너는 생각지도 못했지. 그 애가 나로 하여금 쉽게 이웃집을 살 수 있게 했으며, 더욱이 가격도 반이나 싸게 말이야. 그 집은 그저께 이사 가 버렸다."

50. 此路不通 이 길은 통행 불가

Cǐ lù bù tōng

Yí wèi lǎorén qù Fǎguó kàn érzi, tā bú huì shuō Fǎyǔ. Yì tiān tā xiǎng qù wàibian guàngguang, kě yòu bù xiǎng dǎrǎo érzi, jiù yí ge rén chūmén le. Tā kàndào érzi jiā qiánbian de lùkǒu yǒu yí ge páizi, tā yǐwéi páizi shang xiězhe de jiùshì érzi jiā de dìzhǐ, jiù bǎ páizi shang de zì yí zì bù gǎi xiě zài zhǐtiáo shang le. Huílái shí, tā bǎ zhè zhāng zhǐtiáo jiāogěi qìchē sījī kàn, sījī kàndào zhǐtiáo shang xiězhe 'cǐ lù bù tōng'.

이 길은 통행 불가

한 노인이 프랑스에 아들을 보러 갔다. 그는 프랑스어를 할 줄 몰랐다. 하루는 그 노인이 바깥으로 구경하러 가고 싶었으나 아들을 귀찮게 하고 싶지 않아서 그냥 혼자 문을 나섰다. 그 노인은 아들의 집 앞 길 입구에 표지판이 하나 있는 것을 보게 되었다. 그는 표지판에 쓰여 있는 것이 바로 아들집의 주소인 줄로 알고, 그 표지판에 있는 글자를 한 글자도 고치지 않고 종이에 적었다. 돌아올 때 그 노인은 그 종이쪽지를 택시 기사에게 건네줬더니, 택시기사가 본 쪽지에는 '이 길은 통행 불가'라고 적혀 있었다.

51. 吓得我不得不上车 놀라서 나는 차에 오르지 않을 수 없었다.

Xià de wǒ bù de bù shàng chē

Lièchē yuán jiàoxǐng le shuì zài chuānghu bian de lǚkè.

Lièchē yuán: Xiānsheng, wǒ lái chá piào, nín de piào ná gěi wǒ kànkan?

Lǚkè: Piào, wǒ méi piào.

Lièchē yuán: Méi piào? nàme nǐ qù nǎr?

Lǚkè: Wǒ nǎr yě bú qù.

Lièchē yuán: Nà nǐ wèishénme yào shàng chē?

Lǚkè: Wǒ gēnběn méiyǒu yào shàng chē de yìsi, wǒ shì lái jiē rén de, dāng nǐ hǎn 'dàjiā dōu shàng chē' shí, shēngyīn nàme dà, xià de wǒ bù de bù shàng chē le."

놀라서 나는 차에 오르지 않을 수 없었다.

열차원이 창가에서 잠을 자고 있는 승객을 깨웠다.

열차원: 선생님, 검표하러 왔습니다. 당신의 표를 저에게 보여 주세요.

승객: 표, 나는 표가 없어요.

열차원: 표가 없다고요? 그럼 어디로 가십니까?

승객: 아무 데도 안 가요.

열차원: 그럼 당신은 왜 차에 올랐습니까?

승객: 나는 전혀 차에 오를 의사가 없었고, 나는 사람을 마중하러 왔는데, 당신이 '모두들 차에 오르세요'라고 외쳤을 때 그 소리가 너무 크다 보니 놀라서 나는 차에 오르지 않을 수 없었어요.

52. 有借无还 빌려 가면 되돌려주지 않는다.

Yǒu jiè wú huán

Wǒmen yú Xiǎo Zhāng fūfù zhù gébì yǐjīng hǎo jǐ nián le. Wǒmen xiàng suǒyǒu dāng línjū de rén nàyàng, yǒushí hùxiāng jiè dōngxi yòng. Kěshì, wǒ de zhàngfu cháng shì yǒu jiè wú huán de. Yì tiān, Xiǎo Zhāng shuō: "Xiǎo Wáng bǎ wǒ de jùzi fàng dào nǐ de cāngkùli hǎo ma?" "Wèishénme?" Wǒ zhàngfu wèn." Xiǎo Zhāng shuō: "Wǒ xǐhuan bǎ wǒ de gōngjù dōu fàng zài yìqǐ."

빌려 가면 되돌려주지 않는다.

우리와 샤우짱 부부는 이웃에 산 지 벌써 여러 해가 되었다. 우리는 모든 이웃처럼 어떤 때는 서로 물건을 빌려 쓴다. 그런데, 네 남편은 늘 빌리면 되돌려주지 않는다. 하루는 샤우짱이 "샤우왕, 내 톱을 당신 창고에 넣어 두면 어때요?"라고 말했다. 내 남편은: "왜요?" 하고 물었더니. 샤우짱은 말하기를 "나는 내 공구들을 한곳에 놓는 것을 좋아해요."

53. 我是这辆车的司机 나는 이 차의 운전기사다.

Wǒ shì zhè liàng chē de sījī

Yí liàng zàimǎn chéngkè de gōnggòng qìchē yánzhe xiàpō lù kuàisù qiánjìnzhe. Yǒu yí ge rén zài hòumian jǐnjǐn de zhuīgǎnzhe zhè liàng chēzi. Yí ge zuò zài zhè liàng chē shang de chéngkè cóng chēchuāng zhōng shēn chū tóu lai duì zhuī chēzi de rén shuō: "Lǎo xiōng! suàn la! nǐ shì zhuī bu shàng de! zuò xià yi bān ba!" "Wǒ bìxū děi zhuīshàng tā." zhè rén qìchuǎn xūxū de shuō: "Wǒ shì zhè liàng chē de sījī."

나는 이 차의 운전기사다.

승객을 가득 태운 버스 하나가 내리막길을 향해 빠른 속도로 앞으로 향하고 있었다. 한 사람이 뒤에서 이 차를 바짝 뒤쫓아 오고 있는데, 그 차에 타고 있는 한 승객이 차 창문으로 머리를 내밀고는 차를 쫓아오고 있는 그 사람에게 말하기를 "형! 그만 하지요! 당신은 쫓아올 수 없어요. 다음 차를 타세요." 이 사람은 숨이 가빠 헐떡이며 "저는 이 차를 반드시 쫓아가야 해요."라고 말했다. "나는 이 차의 운전기사예요."

54. 穷老太太卖冰淇淋 가난한 할머니는 아이스크림을 판다.

Qióng lǎo tàitai mài bīngqílín

Érzi xiàng māma shuō: "Māma, gěi wǒ diǎnr qián xíng ma?" māma wèn: "Nǐ yào qián gàn shénme yòng ne?" érzi shuō: "Wǒ xiǎng bǎ qián sònggěi hútòng kǒu nà ge zhèngzài hǎnjiào de qióng lǎo tàitai." Māma tīng le, wèi érzi yǒu rúcǐ shànliáng de xīndì gǎndào gāoxìng, mǎshàng cóng kǒudài li náchū qián dì gěi érzi, yòng hěn kělián de biǎoqíng wèn: "Nà ge lǎo tàitai zài hǎnjiào shénme ne?" érzi shuō: "Kuài lái mǎi bīngqílín! yǒu xiāngcǎo de, yě yǒu cǎoméi de."

가난한 할머니는 아이스크림을 판다.

아들이 엄마에게 말하기를 "엄마, 저에게 돈을 좀 주시겠어요?" 엄마가 묻기를 "너는 돈을 어디다 쓸려고 해?" 아들이 말하기를 "저는 그 돈을 골목 입구에서 외치고 있는 그 불쌍한 할머니께 드리려고 해요." 엄마가 듣고는, 아들이 이와 같은 선량한 마음씨를 가지고 있는 것에 대해 매우 기뻐하며 바로 주머니에서 돈을 꺼내어 아들에게 건네주며 연민에 찬 표정으로 묻기를 "그 할머니가 무어라고 외치고 있니?" 아들이 말하기를 "빨리 와서 아이스크림 사세요. 바닐라 맛도 있고, 딸기 맛도 있어요."

55. 机器损坏, 停止使用 기계고장 사용금지

Jīqì sǔnhuài, tíngzhǐ shǐyòng

Wǒ bǎ chē kāidào yí ge jiāyóu zhàn, kānjiàn yì tāi zìdòng fànmài jī, shàngmian biāozhe qìshuǐ shí měiyuán yì píng de biāojià. Wǒ wèn yèzhǔ, zhè ge biāojià shìfǒu shì zhēnde, nǎr néng mài zhème guì, cúnxīn shì zài piànrén de. "Bù," Diànzhǔ huídá. "Zhè tāi jīqì huài le. Wǒ zài jīqì shàngmian tiē le ge 'jīqì sǔnhuài, tíngzhǐ shǐyòng' de páizi, kě rénmen háishì wǎng lǐ tóufàng qiánbì, guōhòu yòu bàoyuàn wǒ. Zìcóng wǒ fàng le zhè kuài páizi, zài yě méiyǒu rén wǎng lǐmian rēng qián le."

기계고장 사용금지

내가 차를 몰고 주유소에 들어갔다가 자동판매기 한 대를 보게 되었다. 그 위에 사이다 한 병에 10달러라고 표시되어 있는 가격표가 있었다. 나는 주인에게 이 표시된 가격이 진짜인지, 어떻게 이렇게 비싸게 팔 수 있는지, "사람을 속이려는 속셈이 아닌지"라고 말했더니, "아니오." 하며 주인이 대답하기를 "이 기계는 고장이 나서 내가 기계에다가 '기계고장, 사용금지'라는 팻말을 붙였지만 그래도 사람들은 여전히 안으로 동전을 투입하고 그 후에 나를 원망하지요. 내가 이 팻말을 놓고 나서부터 더 이상 안으로 돈을 넣는 사람이 없어요."

56. 有理由的笑容 이유 있는 미소

Yǒu lǐyóu de xiàoróng

Dāng wǒ kāishǐ guǎnlǐ yí ge cāntīng de dì yī tiān, wǒ fāxiàn yí wèi fúwù yuán zǒngshì miàn dài xiàoróng. Kèrén zěnme máfan tā, tā zǒngshì yǐ xiàoróng xiāngduì, suǒyǐ wǒ juédìng qù wèn ge jiūjìng. "Nǐ yídìng shì ge lètiān pài," Wǒ shuō. "Nǐ wèishénme lǎoshi xiào kǒu cháng kāi?" Tā shōu qǐ xiàoróng, yòng shǒu zhǐ xiàng qiáné, huídá: "Qíshí, zhè shì wǒ gōngzuò shí bù shǐ wǒ de yǎnjìng diào xiàlai de wéiyī fāngfǎ."

이유 있는 미소

내가 한 식당을 관리하기 시작한 첫날, 한 종업원이 항상 얼굴에 미소를 띠고 있는 것을 발견했다. 손님이 아무리 그를 귀찮게 해도, 그 사람은 항상 웃음으로 대하자 나는 도대체 왜 그런지 물어보기로 결정했다. "당신은 분명히 낙천주의일 겁니다. 왜 늘 웃음이 만개해 있어요?"라고 내가 말했더니, 그는 웃음을 거두고 손으로 이마를 가리키며 대답하기를 "사실 그것은 내가 일할 때 내 안경이 흘러내리지 않게 하는 유일한 방법이에요."

57. 当了总统之后 대통령이 되고 나서

Dāng le zǒngtǒng zhīhòu

Yí wèi lái zì Měiguó de hēirén gēmenr Pítè gēn wǒ shuō: "Kǎowán shì wǒ děi gǎnjǐn huí Měiguó qù." Wǒ wèn tā gàn má zhème zháojí. Tā shuō tā děi gǎn zài dàxuǎn qián huíqù, zhǔnbèi cānjiā zǒngtǒng jìngxuǎn, dāng Měiguó lìshǐ shang dì yí wèi hēirén zǒngtǒng. Kànzhe tā yìběn zhèngjīng de yàngzi, wǒ zhēn chàyidiǎn bǎ tā dāngchéng le Màn dé lā de díxì chuán rén. Wǒ rěnzhe bú xiào, wèn tā: "Nà nǐ dāng le Měiguó zǒngtǒng, dì yī jiàn shì xiǎng gàn shénme?" Pítè bù jiā sīsuǒ, tuōkǒu ér chū: "Xiān bǎ báigōng gǎichéng hēigōng!"

대통령이 되고 나서

미국에서 온 흑인 친구 피터가 나에게 말하기를 "시험을 마치자마자 나는 미국으로 서둘러 돌아가야만 해." 나는 무엇이 그렇게 급하니 하고 물었다. 그는 대선 전에 돌아가서 대통령 선거에 출마하여 미국역사상 초대 흑인 대통령이 되어야 한다고 한다. 그의 진지한 모습을 보고 나는 하마터면 정말로 그를 만델라의 직계 계승자로 여겼다. 나는 웃음을 참으며 그에게 묻기를 "그럼 네가 대통령이 되면 첫 번째로는 무엇을 할 것이니?" 피터는 생각하지 않고 입에서 나오는 대로 말하기를 "우선 백악관을 흑악관으로 고칠 것이야!"

58. 有过五个女婿了 사위를 다섯을 둔 적 있었다.

Yǒuguo wǔ gě nǔxù le

Liǎng ge lǎorén zài tánhuà, yí ge zài fā láosāo, lìngwài yí ge lǎorén wèn: "Nǐ zěnme chóuméi kǔliǎn de, yǒu shénme bú shùnxīn de shìr ma?" "āi! zěnme néng bù fāchóu ne? Wǒ yǒu wǔ ge nǔr, kě zhìjīn lián yí ge nǔxù yě méiyǒu." "Hā hā! yàoshi nǐ chǔ zài wǒ de wèizhì, nà cái huì fāchóu ne. Wǒ dàoshì zhǐyǒu yí ge nǔr, kě yǐjīng yǒuguo wǔ ge nǔxù le."

사위를 다섯을 둔 적 있었다.

두 노인이 대화를 나누다. 한 노인이 하소연을 하기에, 나머지 한 노인이 물었다. "당신은 왜 수심이 얼굴에 가득해요. 무슨 마음이 편치 않은 일이 있어요?" "아이! 어찌 고민이 안 되겠어요? 나는 딸이 다섯 명이나 있는데 지금까지 아직 사위라곤 하나도 없어요."라고 했다. "하하! 만약 당신이 내 처지에 놓여 있다면 그거야말로 걱정이라 할 수 있죠. 나는 딸이야 하나밖에 없지만 그러나 벌써 다섯 명의 사위가 있은 적 있었어요."

59. 只有一个警察 경찰은 한 명밖에 없다.

Zhǐyǒu yí ge jǐngchá

Fùqīn hé xiǎo érzi yídào huíjiā. Zhè háizi zhèng chǔyú nà zhǒng duì shénme shì dōu hěn gǎn xìngqù de niánlíng, lǎoshi yǒu tí bu wán de wèntí. Tā wèn fùqīn: "Bàba 'zuì' shì shénme yìsi?" Fùqīn huídá shuō: "Nǐ qiáo, nàr zhànzhe liǎng ge jǐngchá. Rúguǒ wǒ bǎ tāmen kàn chéng le sì ge, nàme wǒ jiù suàn zuì le." Háizi shuō: "Kěshì, bàba, nàr zhǐyǒu yí ge jǐngchá ya!"

경찰은 한 명밖에 없다.

아버지와 아들이 함께 집으로 돌아가는 중이었다. 아들은 마침 어떤 일이든 흥미를 느끼는 그런 나이에 놓여 있었기에 질문할 것이 끝없이 자꾸 생겼다. 아들은 아버지께 묻기를 "아버지, '취하다'의 뜻이 무엇입니까?" 아버지의 대답은 "봐라, 저기 경찰이 두 명 서 있지, 만약 내가 그들을 네 명으로 보았다면 그것은 바로 취했다는 것이야." 아들이 말하기를 "그런데 아버지, 저기에 경찰은 한 명밖에 없어요."

60. 两根棒子会把我饿死 막대기 두 개가 나를 굶겨 죽게 할 수 있다.

Liǎng gēn bàngzi huì bǎ wǒ èsǐ

Yǒu yí ge zhùmíng de zhǐhuī jiā zài Dōngjīng jǔbàn yǎnzòu huì. Huì hòu bèi Rìběn péngyou qǐngqù chī wǎnfàn, xí shang zhǐ bǎizhe kuàizi, ér méiyǒu bǎi dāo chā děng xīcān cānjù. Zhǐhuī jiā ná qǐ yì shuāng kuàizi jiù qù jiā cài, méi xiǎngdào zuǒ jiā yòu jiā, cài jiùshì jiā bù qǐlai. Zuìhòu tā dīngzhe shǒu zhōng de kuàizi shuō: "Yì gēn bàngzi kěyǐ ràng wǒ fācái, ér iǎng gēn bàngzi kànlái huì bǎ wǒ èsǐ."

막대기 두 개가 나를 굶겨 죽게 할 수 있다.

한 저명한 지휘자가 도쿄에서 연주회를 했다. 공연을 마친 후 일본친구가 그를 저녁식사에 초대했는데, 식탁에는 젓가락만 놓여 있고 칼과 포크 같은 양식 식기는 놓여 있지 않았다. 지휘자는 젓가락을 들어 음식을 집으려 했지만 생각지 못하게 이리저리 집어도 음식을 집어 올릴 수가 없었다. 마지막에 그는 손에 든 젓가락을 응시하며 말하기를 "나무 한 가닥이 나를 부자로 만들었는데, 나무 두 가닥이 나를 굶어 죽게 만들려나 보다."

61. 睡裤的系带不见了 잠옷 바지 끈이 보이지 않는다.

Shuìkù de xìdài bú jiàn le

Qīngchén, yí ge xiānsheng liǎnsè cāngbái. Tā de qīzi guānxīn de wèn: "Zěnme, bù shūfu ma?" "Zuótiān yèli, wǒ zuò le ge mèng, wǒ qù Yìdàlì lǚyóu, érqiě hái pǐncháng le Yìdàlì xì miàntiáo." Qīzi shuō: "Zhè yǒ shénme ràng nǐ gǎndào bù ān de?" "Kěshì zǎoshang qǐlái, wǒ què fāxiàn wǒ shuìkù de xìdài bú jiàn le." xiānsheng shuō.

잠옷 바지 끈이 보이지 않는다.

이른 아침, 어떤 남편의 얼굴색이 창백하자, 그의 부인이 관심 깊게 묻기를 "왜요, 어디가 불편해요?" "어제 밤에 내가 꿈을 하나 꿨는데, 내가 이태리로 여행을 갔어. 그리고 스파게티를 맛보았지."라고 말했다. 부인이 말하기를 "그게 당신을 불안하게 만들게 무엇이 있어요?" 하고 말하니, "그런데 아침에 일어나서야 내 잠옷 바지 끈이 보이지 않는 것을 알게 되었어." 하고 남편이 말했다.

62. 让老人高兴一下 노인을 기쁘게 해 주다.

Ràng lǎorén gāoxìng yíxià

Yí wèi lǎo tàitai dāchéng yí liàng gōnggòng qìchē, tā bǎ tā de bànjià piào rēngjìn piào xiāng lǐ. Sījī mǎshàng yāoqiú tā chūshì bànjià zhèngmíng. Tā qìfèn de xiàng sījī yáohuàngzhe tā de lǎonián chéngchē bànjià zhèng, shuō: "Wǒ dōu kuài bāshí le, nǐ hái yāo chákān zhèngjiàn cái xiāngxìn." Jǐ miǎo zhōng hòu, tā zhuǎinù wéi xǐ, miàndài xiàoróng de duì pángzuò de chéngkè shuō: "Búguō, zhè shì quèshí huì ràng wǒ gāoxìng yí zhènzi" Děng tā xiàchē hòu, sījī zhuǎi xiàng chéngkè shuō: "Wǒ ǒuěr gàn zhème yí cì, ràng lǎorén gāoxìng yíxià."

노인을 기쁘게 해 주다

한 할머니가 버스를 타고 그의 반값 할인권을 표 상자 속에 넣었다. 운전기사는 바로 그녀에게 반값 할인권 증명서를 제시하라고 했더니 그 할머니는 화를 내며 운전기사를 향해 노인 반값 할인 승차권을 흔들어 보이며: "내가 팔십이 거의 다 되었는데, 아직도 증명서를 조사해 봐야 믿다니." 하고 말했다. 몇 초 후 그녀는 화가 기쁨으로 변하여 얼굴에 웃음을 띠고는 옆에 있는 승객에게: "그렇지만 이 일은 확실히 나를 한참동안 기쁘게 해."라고 말했다. 그녀가 차에서 내린 후 운전기사는 승객을 향해 말하기를 "저는 어쩌다 이렇게 한 번씩 함으로써 노인들을 기쁘게 합니다."

63. 没写地址 주소를 쓰지 않았다.

Méi xiě dìzhǐ

Bàba ràng érzi qù yóujú jì xìn. érzi zǒu le yǐhòu bàba cái xiǎng qǐ xìnfēng shang wàngjì xiě shàng dìzhǐ le. Bàba xīn xiǎng, érzi fāxiàn xìnfēng shang méiyǒu dìzhǐ, yídìng huì ná huílai de. Děng érzi huílái, bàba gǎnmáng wèn: "Nǐ fāxiàn xìnfēng shang méiyǒu dìzhǐ, bú huì bǎ tā tóujìn yóutǒng le ba?" érzi huídá: "Yǐjīng tóu le, méi xiě dìzhǐ wǒ dàoshì zǎojiù fāxiàn le." Bàba jízhe shuō: "Nā nǐ wèishénme bù ná huílai ne?" érzi què shuō: "Wǒ yǐwéi nǐ bù xiě dìzhǐ shì bù xiǎng ràng wǒ zhīdao xìn shì jì gěi shéi de."

주소를 쓰지 않았다.

아버지가 아들에게 우체국에 가서 편지를 부치라고 했다. 아들이 가고 난 후 아버지는 그 편지 봉투에 주소를 쓰지 않았다는 것을 비로소 생각이 났다. 아버지는 아들이 봉투에 주소가 없는 것을 내가 벌써 발견하고 분명히 가지고 돌아오리라고 마음속으로 생각했다. 아들이 돌아오자 아버지가 곧바로 물었다. "너는 봉투에 주소가 없는 것을 발견하고도 그것을 우체통에 넣지는 않았겠지?" 아들의 대답은: "이미 넣었어요. 주소를 쓰지 않은 것은 발견했지만." 아버지가 조급하게 말하기를 "그럼 너는 왜 도로 가져오지 않았니?" 아들은 오히려 "아버지가 주소를 안 쓰는 것은 누구에게 보내는 편지인지를 내가 알지 못하게 하려고 그렇게 한 것으로 여겼어요."라고 말했다.

64. 我写的歌曲 내가 쓴 곡조이다.

Wǒ xiě de gēqǔ

Zài yí ge yǎnchàng huì shang, yí wèi tīngzhòng zhuǎishēn duì tā pángbiān de yí ge nánrén pīpíng zhèngzài chànggē de nā ge nǚrén, "Duō zāogāo de sǎngzi! tā shì shéi ya?" Nā ge rén huídá shuō: "Tā shì wǒ qīzi." Pīpíng de rén gǎndào bú hǎo yìsi, xiǎng zhuǎi ge huàtí, shuō: "ō! duì bu qǐ. Dāngrán tā de sǎngzi hái bú huài, wèntí shì zài gēqǔ, zhè qǔzi xiě dé bù hǎo. Yě bù zhī shì shéi xiě de zhème làn de gēqǔ ya?" "Shì wǒ." Nà ge rén huídá le.

내가 쓴 곡조이다.

한 콘서트에서 어떤 청중이 몸을 돌려 옆자리에 있는 한 남자에게 노래를 부르고 있는 여인에 대해 비평하며: "목소리가 참으로 엉망이군요! 저 여자는 누구예요?"라고 말했더니, 그 남자가 말하기를 "그녀는 내 부인이오." 흉보던 사람은 무안하여 화제를 바꾸려고 "오! 죄송합니다. 물론 목소리는 그다지 나쁘지는 않지만, 문제는 곡조에 있군요. 저 곡조를 잘못 썼군요. 누가 저런 엉망인 곡조를 썼는지 모르겠어요?"라고 말을 했더니 "접니다."라고 그 사람이 대답했다.

65. 你才是猪 너야말로 돼지다.

Nǐ cáishì zhū

Yǒu yì tiān, Zhāng sān zài shānjiān xiǎolù kāichē. Zhēngdāng tā yōuzāi de xīnshǎng měilì fēngjǐng shí, tūrán yíngmiàn kāilái yí liàng huòchē, sījī yáoxià chēchuāng bōlí duì tā dà mà yì shēng 'zhū'. Zhāng sān yuè xiǎng yuè nàmèn, yě yuè xiǎng yuè qì, yúshì tā yě yáoxià chēchuāng huítóu dà mà: "Nǐ cáishì zhū!" Cái gāng màwán, tā biàn yíngmiàn zhuàng shang yì qún guò mǎlù de zhū.

너야말로 돼지다.

어느 날, 짱싼은 산속 작은 길에서 운전 중이었다. 그는 마침 아름다운 경치를 여유롭게 감상하고 있는데, 갑자기 맞은편에서 화물차 한 대가 달려오더니, 운전기사가 차창 유리를 내려 그에게 크게 '돼지'라고 욕을 했다. 짱싼은 생각할수록 답답하고, 또 생각할수록 화가 나서 그도 역시 차창을 내리고 고개를 돌려 크게 "너야말로 돼지다."라고 욕을 했다. 막 욕이 끝나자마자 그는 바로 길을 건너는 돼지 한 무리를 눈앞에서 충돌하게 되었다.

66. 让狮子走开 사자더러 비키라고 해.

Ràng shīzi zǒu kāi

Liǎng ge niánqīng rén zhèngzài kān mǎxì de yǎnchū. Dāng kāndào biǎoyǎn de yí ge měi shàonǚ yú yì tóu shīzi jiēwěn shí, qízhōng yí ge zàntàn dào: "Zhēn bù jiǎndān, hǎo wēixiǎn a!" Lìng yí ge què bú yǐ wéi rán de shuō: "Zhè yǒu shénme dà jīng xiǎo guài de, wǒ dào tǐng xiànmù de." "Nǐ gǎn qù shìshi ma?" "Dāngrán gǎn, hěn lèyì, nǐ ràng shīzi zǒu kāi, wǒ lái!"

사자더러 비키라고 해.

두 젊은이가 서커스 공연을 보고 있었다. 마침 아름다운 소녀가 사자와 입맞춤을 하는 공연을 보게 되는데, 그 중 한 사람이 감탄하여 말하기를 "정말 대단하다. 너무 위험해!" 나머지 한 사람은 그렇지 않다는 뜻으로 "이게 뭐 그리 놀랄 일이야. 오히려 참 부럽군." 하고 말했다. "네가 한번 해 볼 수 있겠어?" 하고 말하니, "당연하지. 기꺼이 할 수 있어. 저 사자더러 비키라고 해, 내가 할게!"

67. 名侦探福尔靡斯 명탐정 셜록홈즈

Míng zhēntàn Fú ěr mō ·sī

Míng zhēntàn Fú ěr mō sī hé tā de lǎoyǒu Huá shēng yìtóng shàngjiē sànbù. Fú ěr mō sī wèn Huá shēng: "Gēn zài wǒmen hòubian zǒu de shì yí wèi chuānzhuó shímáo de měilì shàonǚ ba!" Huá shēng mǎshàng huítóu xiàng hòu kàn, ránhòu shuō: "Méi cuò, nǐ zhēn bùkuī shì zhēntàn ya!" Shuōzhe hěn jīngqí de wèn: "Zěnme nǐ méi huítóu kàn, jiù zhīdao hòubian shì ge měinǚ ne?" Fú ěr mō sī shuō: "Zhè hěn jiǎndān, wǒmen zhǐ xū kàndào yíngmiàn ér lá de nà xiē nánshìmen liǎnshang de biǎoqíng jiù zhīdao le."

명탐정 셜록홈즈

명탐정 셜록홈즈와 그의 친구 왓슨이 함께 길에서 산책하고 있었다. 셜록홈즈가 왓슨에게 "우리 뒤에 따라 걷고 있는 사람은 옷차림이 세련되고 아름다운 젊은 여성이지?" 하고 물었다. 왓슨이 바로 고개를 돌려 뒤로 보더니 "맞았어. 너는 정말 탐정으로서 손색이 없어."라고 말하고는 이상해하며 "어떻게 너는 고개를 돌려 보지도 않고 뒤편에 미녀가 있는 줄 알았니?"라고 물었다. 셜록홈즈는 "이건 참 간단해. 우리는 맞은편에서 오고 있는 남자들의 얼굴 표정만 보아도 알 수 있어."라고 말했다.

68. 选择报酬多的制药厂 보수가 많은 제약회사를 선택한다.

Xuǎnzé bàochóu duō de zhì yào chǎng

Jìzhě qù cǎifǎng yí wèi chángshòu de lǎorén, wèn tā chángshòu de mìjué shì shénme. Kāishǐ tā bù kěn huídá, zài jìzhě de zàisān kěnqiú xià, lǎo shòuxīng zhōngyú shuōhuà le: "Xiān sheng, wǒ de chángshòu mìjué zànshí bù néng gàosu nǐ. Yīnwèi yǒu liǎng jiā zhì yào chǎng zhèng hé wǒ cuōshāng, nǎ jiā gěi wǒ de bàochóu duō, wǒ jiù shuō jīngcháng fúyòng nǎ ge chǎng de wéishēngsù.”

보수가 많은 제약회사를 선택한다.

기자가 장수한 한 노인을 취재하며 장수 비결이 무엇인지를 물어봤다. 처음에는 대답을 하지 않으려다 기자가 여러 차례 간곡히 부탁하자, 생일을 맞은 이 노인이 드디어 입을 열어 말하기를 “선생님, 나의 장수 비결은 당분간 알려 줄 수 없어요. 제약회사 두 군데가 나하고 마침 교섭 중인데, 어느 회사가 나에게 보수를 많이 주면 나는 그 회사의 비타민을 항상 복용한다고 말해야 하기 때문이에요.”

69. 试错方法了 방법을 잘못 썼다.

Shì cuò fāngfǎ le

Yí ge jiǔtú yīn jiǔliàng shītiáo ér yǐngxiǎng le gānzàng gōngnéng. Tā dào yīyuàn jiǎnchá shí, yīshēng duì tā shuō: “Wéishénme bú zìwǒ yāoshù yíxià ne? pìrú shìxiān zài jiǔpíng shang huà xiàn, juéduì bù chāoguò zhè yi tiáo xiàn, zhèyàng bú shì hěn hǎo ma?” “Shì a! zhè zhǒng bànfǎ wǒ yě shìguo, ” Bìngrén hěn jǔsàng de shuō, “Kěshì, huàxiàn de dìfang yuǎn de hěn, hái méiyǒu hēdào nà ge dìfang, wǒ jiù yǐjīng zuì de bùxǐng rénshì le!”

방법을 잘못 썼다.

한 술꾼이 주량조절을 잘못하여 간장기능에 영향을 끼쳤다. 그가 병원에 검사하러 가니 의사가 그에게 말하기를 “왜 스스로 자제하지 않나요? 예를 들어 먼저 술병에 선을 그어 놓고 이 선은 절대로 넘지 않겠다고 하면 좋지 않나요?” “그래요. 이런 방법도 나는 시도해 봤어요.” 환자는 아주 침울해하며 말하기를 “그러나, 선을 그은 곳이 너무 멀어 아직 그곳까지 마시기 전에 나는 벌써 취해서 인사불성이 됩니다.”

70. 还好是血 다행히 피구나

Háihǎo shì xiě

Yí wèi shìjiǔ de xiānsheng mǎi le píng fàng le shí nián de wēishìjì jiǔ, zhuāng jìn kùzi kǒudài, zhǔnbèi dài huíjiā xiǎngshòu yí dùn. Shéi zhī gāng chū diànmén, jiǎo xià yì huá, shuāi le yì jiāo, tā juéde tuǐ shang shī lùlù

de, yǐwéi dǎ le jiǔpíng, xīnzhōng shífēn tòngxī. Kěshì, dāng tā zhànqǐlai
cháo xià yíkàn, hūrán yòu xiào chū shēng lai, shuō: "Hēi! xiè tiān xiè dì,
yuánlái zhǐshì tuǐ shang liúchūlai de xiě."

다행히 피구나

술을 즐기는 한 사람이 10년이나 된 위스키 한 병을 사서 바지 주머니에 넣고 집으
로 가지고 가서 한번 음미해 보려고 했다. 가게 문을 막 나서자 발아래가 미끄러지
며 꽈당 넘어질지 누가 알았겠는가. 그는 다리 아래가 축축한 것을 느끼고 병을 깨
버린 것으로 알고는 마음속으로 매우 애석해하였다. 그러나 그가 일어서며 아래를 보
고서는 갑자기 웃음을 터트렸다. "헤이! 하느님 감사합니다. 알고 보니 단지 다리에
서 흘러나오는 피일 뿐이군요"

71. 谁说这条狗是我的 누가 이 개를 내 것이라고 했나.

Shuí shuō zhè tiáo gǒu shì wǒ de
Yí ge lǎo tàitai zài gōngyuán li sànbù, kànjiàn yí ge rén hé yì tiáo gǒu
zhànzhe, hěn xiǎng mōmo nà zhī gǒu. Lǎo tàitai wèn: "Nǐ de gǒu yǎo bu
yǎo rén?" Tā shuō: "Bù yǎo rén." Dāng lǎo tàitai shēn chū shǒu mō gǒu
shí, zhè tiáo gǒu chàdiǎnr bǎ tā de shǒuzhǐ gěi yǎo diào le. "Nǐ gāngcái bú
shì shuōguo nǐ de gǒu bù yǎo rén ma?" Lǎo tàitai shēngqì de dà shēng hǎn,
shǒu shang zhèng wǎng xià dīzhe xiě. Tā shuō: "Méi cuò! wǒ de gǒu shì
bù yǎo rén de, kěshì zhè tiáo gǒu bú shì wǒ de, wǒ méi shuō zhè shì wǒ
de gǒu a!"

누가 이 개를 내 것이라고 했나.

한 할머니가 공원에서 산책하다가 어떤 사람이 개 한 마리와 서 있는 것을 보게 되
었다. 그 할머니는 개를 만지고 싶어서 묻기를 "당신의 개는 사람을 물어요?" 그 사
람이 말하기를 "사람을 물지 않아요." 할머니가 손을 뻗어 개를 만지자 이 개가 하
마터면 그녀의 손가락을 물어뜯어 버릴 뻔했다. 그 할머니가 "방금 당신의 개는 물지
않는다고 당신이 말하지 않았어요?"라고 화를 내며 큰 소리로 외쳤다. 손에서는 피가
아래로 떨어지고 있었다. 그 사람이 말하기를 "맞습니다. 내 개는 사람을 물지 않지
만, 이 개는 내 개가 아닙니다. 나는 이 개가 내 개라고 말하지 않았어요."

72. 新兵训练 신병 훈련

Xīnbīng xùnliàn

Yì pī xīnbīng rù wǔ bù jiǔ, zài yí cì jìnxíng duìliè xùnliàn shí, jiàoguān bù tíng de hǎn kǒulìng: "Xiàng zuǒ zhuǎn, xiàng yòu zhuǎn, qí bù zǒu, xiàng hòu zhuǎn, xiàng qián kàn·····." Zhè shí yì míng xīnbīng zǒu chū le duìliè, jiàoguān gǎndào hěn yìwài, wèn: "Nǐ yào qù nǎr?" Zhè míng xīnbīng huídá shuō: "Wǒ yào xiūxi yíhuìr, děng nǐ juédìng hǎo wǒmen dàodǐ gāi wǎng nǎ ge fāngxiàng zhuǎn, wǒ zài huílái."

신병 훈련

신병 한 부대가 입대한 지 얼마 되지 않아 한번은 대열 훈련을 진행하고 있을 때 교관은 쉬지 않고 구령을 외치길 "좌향좌, 우향우, 앞으로 가, 뒤로 돌아, 앞으로 봐·····." 이때 한 신병이 대열 가운데서 걸어 나왔다. 교관은 뜻밖이라 "너 어디 가?" 하고 물었다. 이 신병의 대답은 "저는 좀 쉬어야겠습니다. 우리가 도대체 어느 방향을 향해 돌아야 하는지 당신이 결정을 하면 그때 다시 돌아오겠습니다."

73. 根本不放在眼里 전혀 성에 차지 않는다.

Gēnběn bú fàng zài yǎnli

Yí ge dài gǒu de nánrén qìshì xiōngxiōng de chōng jìn chǒngwù diàn, zhǐzhe lǎobǎn shuō: "Nǐ bǎ zhè tiáo gǒu mài gěi wǒ kānmén, kěshì zuótiān xiǎotōu jìn wǒ jiā tōu le wǒ sānbǎi kuài qián, tā què kēng dōu méi kēng yi shēng." "Xiānsheng, hěn yíhàn, zhè tiáo gǒu yǐqián de zhǔrén shì ge bǎiwàn fùwēng, suǒyǐ zhème diǎnr qián tā gēnběn bú fàng zài yǎn li." lǎobǎn màntiáo sīlǐ de huídá.

전혀 성에 차지 않는다.

개를 끌고 온 한 남자가 기세등등하게 애완동물 가게로 박차고 들어와 손으로 주인을 가리키며 말하기를 "당신은 이 개를 집 보게 하기 위해 나에게 팔았는데, 그런데 어제 도둑이 우리 집에 들어와 300원을 훔쳐 가 버렸는데도 불구하고 이 개가 찍소리조차도 내지 않았어요." 주인은 침착하게 대답하기를 "선생님, 아주 유감스럽게도 이 개의 전 주인은 백만장자였어요. 그러니 이렇게 적은 돈은 전혀 성에 차지 않았겠지요."

74. 难看的面孔 못생긴 얼굴

Nánkàn de miànkǒng

Línkěn shì Měiguó lìdài zǒngtǒng zhōng zuì yǒu yōumògǎn de yí wèi, érqiě yǒushíhou hái zìcháo. Rénmen dōu zhīdao Línkěn de róngmào shì hěn nánkàn de, tā zìjǐ yě zhīdao zhè yi diǎn. Yǒu yí cì, tā hé tā de zhèngdí biànlùn, tā de zhèngdí gōngjī Línkěn shì liǎngmiàn pài. Línkěn fǎnbó shuō: "Xiànzài, ràng guānzhòng lái píngping lǐ ba! yàoshi wǒ lìngwài hái yǒu yí fù miànkǒng de huà, wǒ hébì dài zhè fù zhème nánkàn de miànkǒng chūchǎng ne?"

못생긴 얼굴

링컨은 미국 역대 대통령 가운데 가장 유머감이 있는 사람이며, 또한 어떤 때는 자신을 스스로 비웃기도 한다. 사람들은 링컨의 용모가 아주 못생겼다는 것을 다 알고 있고, 자신도 역시 이 점을 알고 있었다. 한번은 그가 그의 정치 적수와 변론을 하고 있었는데, 그의 정치 적수는 링컨을 양면성이 있는 사람이라고 공격을 했다. 링컨은 반박하기를 "지금 관중들로 하여금 옳고 그름을 가려 보라고 합시다. 만약 내가 다른 얼굴을 하나 더 가지고 있다면, 내가 이렇게 못생긴 얼굴을 하고 등장할 필요가 있겠습니까?"

75. 买帽子 모자 사기

Mǎi màozi

Yí wèi nǚ kèrén jìn màozi diàn xiǎng mǎi yì dǐng zuìxīn kuǎnshì de màozi. Fúwùyuán àn tā de yāoqiú, bǎ diàn li suǒyǒu de xīnshì màozi dōu náchūlai ràng tā tiāoxuǎn, kěshì nǚ kèrén duì zhè xiē màozi dōu bù mǎnyì, tiāo lái tiāo qù, yòu shì dài le hǎo jǐ dǐng, dōu bú zhòngyì. Zuìhòu, tā yào zǒu chū diànmén de shíhou, kànzhòng le fàng zài guìtái shang de yì dǐng. Tā zuǒ kàn yòu kàn, yòu dài le dài, zěnme kàn yě xǐhuan, jiù shuō: "Jiù yào zhè yi dǐng ba!" Fúwùyuán shuō: "Zhè dǐng shì nín zìjǐ dàizhe lái de."

모자 사기

한 여자 손님이 모자상점에 들어와 최신 스타일 모자 하나를 사려고 했다. 종업원은 그녀의 요구에 따라 상점에 있는 최신 스타일의 모자를 모두 꺼내어 그녀에게 고르도록 하였다. 그런데 그 여자 손님은 이 모자들을 다 만족스러워 하지 않고, 이리 고르고 저리 고르며, 또 몇 개를 써 보기도 했지만 다 마음에 들지 않았다. 마지막으로 그녀가 상점 문을 나서려고 할 때 계산대에 놓여 있는 모자 하나를 마음에 들어 했다. 그녀는 이리 보고 저리 보고 또 써 보기도 하였는데 아무리 봐도 좋아서 "바로 이것으로 하겠어요."라고 말했더니 종업원이 말하기를 "이 모자는 당신이 직접 쓰고 온 것입니다."

76. 把卡片搞混了 카드를 혼동하였다.

Bǎ kǎpiàn gǎo hùn le

Liǎng ge péngyou hǎojiǔ méi jiànmiàn le, yí ge péngyou wèn: "Nǐ hái zài nà jiā huādiàn li gōngzuò ma?" Bèi wèn de péngyou huídá shuō: "Bù, wǒ bèi jiěgù le." "Wèishénme?" "Wǒ de gōngzuò shì zài měi shù huā li fàng yì zhāng kǎpiàn, wǒ bǎ yí shù jiéhūn diǎnlǐ de huā cuòyǐwéi shì zànglǐ de huāshù, kǎpiàn shàngmian xiězhe, 'Zhì yǐ shēnshēn de āidào' ér zànglǐ de huāshù li fàng le yì zhāng xīnhūn hèkǎ, shàngmian xiězhe, 'Yuàn nǐ zài xīn de jiātíng li xìngfú měimǎn' Wǒ bǎ liǎng zhāng kǎpiān gǎo hùn le, jiéguǒ bèi jiěgù le."

카드를 혼동하였다.

두 친구가 오랜만에 만났다. 한 친구가 묻기를 "너 아직도 그 꽃집에서 일하니?" 질문을 받은 친구가 "아니, 나는 해고를 당했어."라고 대답했다. "왜?" "내가 하는 일은 꽃다발마다 카드 한 장씩을 넣는 것인데, 나는 결혼식 화환을 장례식 화환으로 잘못 알아 그 카드에 '심심한 애도를 표합니다.'라고 쓰고, 장례식 화환에 결혼 축하 카드를 넣었고, 위에는 '당신의 새 가정이 행복하고 원만하길 바랍니다.'라고 쓰여 있었어. 내가 이 카드 두 장을 혼동하는 바람에 결국은 해고를 당했어."

77. 别人的都卖完了 다른 사람 것은 다 팔렸다.

Biérén de dōu màiwán le

Yí wèi zhùmíng de Fǎguó zuòjiā zài Měiguó lǚxíng, jīngguò yí zuò chéngshì shí, tā xiǎng qù cānguān gāi shì yì jiā zuìdà de shūdiàn. Shūdiàn

lǎobǎn dédào zhè ge xiāoxi hòu fēicháng xìngfèn. Tā ràng quántǐ gōngzuò
rényuán zuòhǎo zhǔnbèi gōngzuō, hái zài suǒyǒu shūjià shang dōu bǎimǎn
le zhè wèi zuòjiā de zhùzuò. Zuòjiā zǒu jìn shūdiàn yí kàn, fāxiàn dōushì
tā de zuòpǐn, jiù wèn lǎobǎn: "Zěnme dōushì wǒ de zuòpǐn? biérén de ne?"
Lǎobǎn jiējie bābā de huídá: "····dōu màiwán le."

다른 사람 것은 다 팔렸다.

한 저명한 프랑스 작가가 미국에서 여행 중 한 도시를 지날 때 그는 그 도시에서 가
장 큰 서점을 구경하고 싶었다. 서점 사장이 이 소식을 듣고 매우 흥분이 되었다. 그
는 전체 직원으로 하여금 준비 작업을 잘하도록 하고 모든 책꽂이에 그 작가의 저서
를 가득 꽂아 놓게 했다. 작가가 서점 안으로 걸어 들어가자 모두가 자신의 작품인
것을 발견하고, 사장에게 물었다. "어떻게 모두 제 작품입니까? 다른 사람 것은요?"
사장은 더듬더듬 대답하기를 "····모두 다 팔렸습니다."

78. 应该从右边读 오른쪽에서부터 읽어야 한다.

Yīnggāi cóng yòubiān dú

Yí ge dàsǎo shàngjiē qù mǎi xīn shuāzi, tā kāndào yí ge mài máoshuā de
dìtǎn, páizi shang xiězhe sì gě dà zì: 'Bǎo bú diào máo' Zhè wèi dàsǎo jiù
mǎi huí jiā le. Kěshì máoshuā cái yòng le yíhuìr, shàngmian de máo dōu yì
cuōcuō wǎng xià diào. Tā shēngqì jí le, ná le máoshuā qù xiàng nà ge
tānzhǔ shuō lǐ. Tānzhǔ cóng yòubiān zhǐzhe páizi shuō: "Wǒ páizi shang
bú shì xiě de qīngqing chǔchu, 'Máo diào bù bǎo'ma!"

오른쪽에서부터 읽어야 한다.

어떤 아주머니는 솔을 사러 시장에 갔는데, 노점에 솔을 파는 것을 보게 되었다. 팻
말에는 네 개의 큰 글씨로: '보장하건대 털은 빠지지 않는다'라고 쓰여 있어서 이 아
주머니는 사 가지고 집에 돌아갔다. 그런데 솔을 쓴 지 얼마 되지 않아 털이 한 줌
한 줌씩 떨어져 나갔다. 그녀는 너무 화가나 솔을 들고 노점 주인을 찾아가서 따졌
다. 그 주인은 팻말을 오른쪽에서부터 짚으며 말하기를 "이 팻말에 분명하게 '털이
빠져도 보상하지 않는다'라고 쓰여 있지 않습니까?"

79. 必须和其他乘客一样 반드시 다른 승객과 같아야 한다.

Bìxū hé qítā chéngkè yíyàng

Yǔtiān, yí ge fūrén qiānzhe yì tiáo jiǎo shang zhānmǎn wūní de gǒu, dāshàng le gōnggòngqìchē. Zhè wèi fūrén zuòxiàlai duì shòupiào yuán shuō: "Wèi! Rúguǒ zhè tiáo gǒu mǎi yì zhāng piào de huà, tā shìfǒu yě néng hé qítā chéngkè yíyàng yǒu ge zuòwèi?" Shòupiào yuán dǎliang le yíxià nà tiáo gǒu, màntiáo sīlǐ de shuō: "Dāngrán xíng, tàitai, búguò tā bìxū hé qítā chéngkè yíyàng, bù zhǔn bǎ jiǎo fàng zài yǐzi shang."

반드시 다른 승객과 같아야 한다.

비 오는 날 한 부인이 발에 더러운 흙이 가득 묻은 개 한 마리를 끌고 버스에 올라 탔다. 이 부인은 앉자 차장에게 말했다. "여보세요! 만약 이 개가 표를 한 장 산다 면 다른 승객처럼 좌석을 가질 수 있습니까?" 차장은 그 개를 한번 훑어보더니 침착 하게 말하기를 "당연히 됩니다. 부인, 그러나 그는 반드시 다른 승객처럼 발을 의자 위에 놓으면 안 됩니다.

80. 浮子沉下去了 낚시찌가 가라앉아 버렸다.

Fúzi chén xiàqu le

Yǒu yí cì, yǒu ge xǐai diàoyú de rén dàizhe tā de péngyou yìqǐ qù diàoyú. Tā de péngyou cónglái méi diàoguo yú, érqiě yě bú huì, dàn tā xiǎng shìshi zìjǐ de yùnqì. tāmen liǎ lái dào hébiān kāishǐ diàoyú le. Nà wèi yǒushēng yǐlái tóu yí cì diàoyú de rén shuō: "āi, nà hóngsè de wányìr zhí duōshao qián?" "Nǐ shì shuō nà fúzi ma? ō, hěn piányi, nǐ wèn zhè ge gān shénme?" "Wǒ yīnggāi péi nǐ yí ge, nǐ jiè gěi wǒ de nà ge fúzi gāngcái chén xiàqù le."

낚시찌가 가라앉아 버렸다.

한번은 낚시를 좋아하는 어떤 사람이 그의 친구를 데리고 함께 낚시를 갔다. 그의 친구는 낚시를 전혀 해 본 적도 없고, 더욱이 할 줄도 모르나 그래도 자신의 운을 한번 시험해 보기 위함이었다. 그 두 사람은 강가에 와서 낚시를 하기 시작했는데, 그 태어난 이래로 처음 낚시를 해 보는 친구가 말하기를 "저 빨간색 물건은 가격이

얼마야?" "너는 저 찌를 말하는 것이니? 오, 아주 싸, 너 왜 그것을 묻니?" "내가
너에게 하나 배상해 줘야겠다. 네가 빌려 준 그 찌가 방금 가라앉아 버렸어."

황영희

▌약 력

국립대만대학교 중국문학과 문학사
국립대만대학교 중국문학연구소 문학석사
국립대만사범대학교 국문연구소 문학박사
현 세명대학교 중국어학과 교수

재|미|있|는 중국어 독해

초판인쇄 | 2009년 8월 25일
초판발행 | 2009년 8월 25일

지은이 | 황영희
펴낸이 | 채종준
펴낸곳 | 한국학술정보㈜
주 소 | 경기도 파주시 교하읍 문발리 파주출판문화정보산업단지 513-5
전 화 | 031) 908-3181(대표)
팩 스 | 031) 908-3189
홈페이지 | http://www.kstudy.com
E-mail | 출판사업부 publish@kstudy.com

등 록
가 격 23,000원

ISBN   978-89-268-0353-0 93720(Paper Book)
        978-89-268-0354-7 98720(e-Book)